HET COMPLETE
LABRADOODLES HANDBOEK

Dr. Joanna de Klerk

LP Media Inc. Publishing
Tekst copyright © 2025 door LP Media Inc.
Alle rechten voorbehouden.

www.lpmedia.org

Publicatiegegevens

Dr. Joanna de Klerk

Het Complete Labradoodles Handboek ---- Eerste editie.

Samenvatting: "Een Labradoodle succesvol opvoeden van puppy tot hoge leeftijd" --- Verstrekt door de uitgever.

ISBN: 979-8-89818-000-3

[1. Labradoodles --- Non-fictie] I. Titel.

Ontwerp door Sorin Rădulescu
Eerste Nederlandse editie, 2025

HOOFDSTUK 1

HOOFDSTUK 2

HOOFDSTUK 3

HOOFDSTUK 4

HOOFDSTUK 14

Gezondheid

HOOFDSTUK 15

Ouderdom

HOOFDSTUK 1
Oorsprong en Geschiedenis

Met zijn ruige uitstraling, uitbundige karakter, vriendelijkheid, intelligentie en grote persoonlijkheid is het moeilijk te geloven dat een van 's werelds populairste honden, de Labradoodle, pas sinds 1989 bestaat. Deze goedaardige speelbal heeft zo snel een plek in de harten van mensen over de hele wereld veroverd dat weinigen zich realiseren dat de Labradoodle nog steeds de nieuwkomer in hondenland is. En met deze relatief nieuwe status komen allerlei unieke factoren kijken, die iedereen die overweegt een Labradoodle in zijn leven te verwelkomen, zou moeten meenemen in zijn overweging naast de aandachtspunten die al gelden voor meer gevestigde rassen.

Het Verhaal van Wally Conron

Hoewel Poedelkruisingen gedurende de twintigste eeuw en daarna op incidentele basis zijn gefokt, wordt Wally Conron beschouwd als de man die de eerste doelbewuste Labrador-Poedel kruising voor een specifiek doel heeft gecreëerd. Hij was destijds de puppy-fokmanager voor de Royal Guide Dog Association of Australia.

Wally Conron had ervaring met het fokken van voornamelijk Labradors en Retrievers die werden opgeleid tot blindengeleidehonden, maar eind jaren '80 stond hij voor een uitdaging. Een blinde vrouw in Hawaii had een geleidehond nodig, maar haar man had een hondenallergie en kon geen sterk verharende Labrador Retriever in huis hebben. Wally richtte zijn aandacht op een hondenras dat bekend staat als grotendeels hypoallergeen: de Standaard Poedel. Ondanks zijn beste inspanningen bleek de koppige Poedel echter onmogelijk op te leiden als geleidehond. Wat nodig was, was de trainbaarheid van de Labrador en de hypoallergene vacht van de Poedel. In een wanhoopspoging kruiste Wally een mannelijke Poedel met een vrouwelijke Labrador, en zo werd het eerste nest Labrador-Poedel kruisingen geboren. Van deze drie pups bleek er slechts één geen allergische reactie bij de man van de blinde vrouw te veroorzaken. Het was echter een veelbelovende doorbraak in het probleem van het leveren van hulphonden in huishoudens waar iemand een allergie heeft.

Foto met dank aan
Jessica Gerrin

Helaas voor het fokprogramma liep Wally direct tegen een probleem aan met zijn nieuwe wonderpups: geen van de gezinnen die betrokken waren bij het opvangen en trainen van geleidehonden wilde een kruising in huis nemen. Dus moest Wally aan de promotiewagen trekken, en in een flits van inspiratie bedacht hij de naam 'Labradoodle' om de Labrador-Poedel kruising als nieuw ras te introduceren. De reactie was overweldigend, en plotseling wilde iedereen deze nieuwe wonderhond!

De Beginjaren

Wally's problemen met het nieuwe Labradoodle-ras waren nog niet voorbij. In de beginjaren was het ras een eenvoudige hybride, het resultaat van het kruisen van een Labrador en een Poedel, en daardoor waren de resultaten verre van voorspelbaar. Zelfs binnen hetzelfde nest konden de pups verschillende vachttypen hebben: van de overvloedig verharende 'haar'-vacht, tot de middellange golvende 'fleece'-vacht, of de krullende maar onderhoudsintensieve poedelachtige 'wol'-vacht. En zonder de indi-

Foto met dank aan
Nicole Grullon Garcia

viduele puppy's te testen, was het onmogelijk te zeggen welke, indien aanwezig, hypoallergeen zouden blijken te zijn. Bovendien, met de vachtveranderingen die gewoonlijk optreden rond 6-8 maanden, zou een pasgeboren pup misschien geen goede weergave zijn van de eigenschappen die hij als volwassen hond zou bezitten.

Wally ondervond ook weerstand van de Raad van Beheer op Kynologisch Gebied bij het creëren van dit nieuwe ras, omdat maar weinig fokkers van kwaliteitsgeregistreerde Standaard Poedels bereid waren hun dekreuen beschikbaar te stellen voor het programma. Degenen die dat wel deden, stonden erop dit anoniem te doen. De behoefte aan raszuivere Poedel-dekreuen en de variatie binnen de nesten werd deels aangepakt toen Labradoodles met andere Labradoodles werden gekruist in plaats van met de oorspronkelijke Labrador-Poedelcombinatie. Toch bleef elk nest een loterij. Wally Conron's uiterst zorgvuldige fokprogramma zorgde er echter voor dat alleen de allerbeste ouders werden gekozen voor de paring, waarbij beide dieren werden gescreend en getest op genetische aandoeningen, en de beste temperamenten bezaten. Wally gaf zijn tweede generatie Labradoodles de bijnaam 'Doubledoodles', en de daaropvolgende generatie waren de 'Tripledoodles'. Hij fokte echter maar 31 Labradoodles voor de Royal Guide Dogs (waarvan er 29 opgeleide hulphonden werden). Hier waren verschillende redenen voor. Tijdens zijn werk stuitte Wally op felle tegenstand van de Raad van Beheer op Kynologisch Gebied en mensen die daarmee verbonden waren. De Labradoodle was namelijk uitsluitend gecreëerd om te voorzien in een specifieke behoefte: hypoallergene honden voor huishoudens die een geleidehond nodig hadden. Wally zelf had echter zijn hart eigenlijk bij de Labrador Retriever liggen. Uiteindelijk ging Wally met pensioen zonder de registratie van de Labradoodle bij de Raad van Beheer op Kynologisch Gebied te hebben bereikt, een situatie die tot op de dag van vandaag voortduurt.

Maar helaas is er ook een sinistere reden waarom Wally Conron zich afkeerde van het ras dat hij had gecreëerd: zijn persoonlijke overtuiging dat hij met zijn succesvolle publiciteitscampagne een 'Frankenstein-monster' tot leven had gewekt. Hij merkte al snel dat gewetenloze achtertuinfokkers massaal op de Labradoodle-rage sprongen zodra ze beseften hoeveel geld er te verdienen viel. De nieuwe 'designer-wonderhond' met zijn hippe naam, niet-verharende hypoallergene vacht en gebrek aan geur was precies wat iedereen wilde. De Labradoodle was een vrijbrief geworden om geld te drukken.

Het is belangrijk voor elke potentiële eigenaar van een Labradoodle om te erkennen dat zorgvuldige selectie van je nieuwe Labradoodle van vitaal

Foto met dank aan Courtney Brock

belang is. Het gaat er niet alleen om dat je een gezonde, lieve hond wilt om jarenlang van te genieten, maar ook om te voorkomen dat je onbedoeld bijdraagt aan het soort geldmakerij dat het ras schade toebrengt. Achtertuinfokkers 'produceren' op die manier slecht gefokte puppy's, met alle ellende van dien. Helaas blijven controles en waarborgen bij de Labradoodle grotendeels vrijwillig zolang het ras niet officieel geregistreerd is. De regels die Raad van Beheer op Kynologisch Gebied-geregistreerde fokkers verplichten om alleen met gezonde ouderdieren te fokken en pups in goede omstandigheden groot te brengen, gelden dan niet automatisch. Gelukkig zijn er wereldwijd veel verantwoordelijke fokkers die de Labradoodle in hun hart hebben gesloten en zich inzetten voor het produceren van gezonde, gelukkige, evenwichtige gezinshonden met alle positieve kwaliteiten die een Labradoodle zou moeten vertegenwoordigen. Deze fokkers brengen slechts een klein aantal nesten per jaar groot om hun pups goed op te voeden en te socialiseren, en ze gaan verder dan de standaard gezondheidstests voor ouderdieren en puppy's, investeren in hun fokdieren en in de toekomst van alle puppy's die hun kennelnaam vertegenwoordigen. Het is echter de taak van potentiële eigenaren om elke fokker, hoe gevestigd ook, zorgvuldig te bekijken om zeker te zijn van hun ethiek en welzijnsnormen.

Er bestaat nog steeds een zeer grote variatie in het ras, zowel tussen als binnen landen. De Australische Labradoodle is bijvoorbeeld al ver verwijderd van de oorspronkelijke Labrador-Poedel kruising. Australische Labradoodles zijn nu multigenerationeel en velen bevatten ook de genetica van andere rassen zoals de Ierse Waterspaniël en zelfs de Afghaanse Windhond. Maar door het ras te verfijnen via selectieve lijnfokkerij heeft de Australian Labradoodle Club de eerste rasstandaard kunnen produceren om consistentie in de toekomst te bevorderen.

In Amerika en het Verenigd Koninkrijk zijn Labradoodles nog steeds voornamelijk directe Labrador-Poedel kruisingen. Er zijn echter verdere variaties ontstaan door de grootte van de Poedel te variëren die in het paringsproces wordt gebruikt, zodat Labradoodles niet langer noodzakelijkerwijs grote honden zijn. Dit kan het ras zeer aantrekkelijk maken voor huishoudens waar het omgaan met een groot ras onpraktisch zou zijn. Labradoodles komen ook in een breed scala aan vachtkleuren, naast de drie texturen: haar-, fleece- en wolvacht.

Velen geloven dat door zo dicht mogelijk bij de oorspronkelijke hybride kruising te blijven, de geproduceerde honden gezonder zijn, hoewel de resultaten minder voorspelbaar zijn. Om deze reden zou iemand met een allergie voor honden niet moeten aannemen dat een Labradoodle hypoallergeen is, maar zou een dag bij de fokker moeten doorbrengen om te ont-

Foto met dank aan Krystal Morley

dekken of zijn honden een reactie veroorzaken. 'Hypoallergeen', 'niet-verha-rend' en 'geen geur' blijven valse marketingclaims. Geen enkele hond is vol-ledig hypoallergeen, ongeacht het ras, hoewel sommige, zoals Labradood-les, beter zijn voor mensen met allergieën dan andere.

Eén ding dat echter consistent zou moeten zijn bij het ras is het liefde-volle, evenwichtige temperament van de Labradoodle. Goed gefokte Labra-doodles zullen nooit agressief zijn en zijn ideale gezinshonden. Door zorg-vuldig je nieuwe beste vriend te kiezen, ben je verzekerd van vele jaren vol plezier en onvoorwaardelijke liefde, zolang je gezin gezegend is met het ge-zelschap van een Labradoodle!

Het begrijpen van de korte maar bewogen geschiedenis van de Labra-doodle is fundamenteel bij elke beslissing om er een in je leven te brengen. En als je besluit dit te doen, is het belangrijk om de vele mogelijke valkuilen te vermijden terwijl je je perfecte metgezel vindt. Naast de problemen rond de fokkerij kan ook het prijskaartje ontmoedigend zijn. Toch is het goed om te beseffen dat veel Labradoodles uiteindelijk in een opvang belanden — simpelweg omdat ze niet hypoallergeen blijken te zijn, groter worden dan verwacht of gedragsproblemen ontwikkelen. Sommige fokkers verkopen zelfs honden die niet aan de standaard hebben voldaan tegen een gereduceerde prijs, maar deze zijn dan al gesteriliseerd of komen met een contract om dit te doen, om ongewenste eigenschappen uit de genenpool te verwijderen. Dus als je niet op zoek bent naar perfectie, doe je misschien een waardevolle dienst door je leven en huis open te stellen voor een ongewenste hond, zolang je de ervaring en emotionele veerkracht hebt om met eventuele bijbehorende problemen om te gaan.

Dit boek neemt je mee door alle belangrijke overwegingen bij het kiezen voor een Labradoodle, en ondersteunt je door alle belangrijke levensfasen van je hond, van training tot adolescentie en volwassenheid, en het uiteindelijke afscheid van een trouwe metgezel. De jaren die je met je Labradoodle doorbrengt, zullen zeker vol plezier zijn voor jullie beiden, zolang je de tijd neemt om alles te leren wat nodig is voordat je je nieuwe hond mee naar huis neemt.

HOOFDSTUK 2
De Labradoodle

"Labradoodles zijn intelligente honden die doorgaans gemakkelijk te trainen zijn en een goed temperament hebben. Ze zijn sociaal, gevoelig en loyaal. Hun meest unieke fysieke kenmerk is een golvende vacht die meestal allergievriendelijk is en niet verhaart."

Rochelle Woods
Spring Creek Labradoodles

Speels, intelligent en enthousiast om te behagen. Wie zou er geen Labradoodle willen? Maar het grootste probleem met dit ras is dat het nog in de kinderschoenen staat, waardoor er weinig consistentie is. Het feit dat één Labradoodle een bepaald temperament heeft, betekent niet dat de volgende hetzelfde zal zijn. Er zijn enorme variaties tussen de verschillende geografische types Labradoodles en de verschillende generaties, wat

Foto met dank aan
Brittany Kerr

leidt tot een verscheidenheid aan formaten, kleuren en temperamenten. In dit hoofdstuk bekijken we de verschillen binnen het ras.

Types

Zoals besproken in Hoofdstuk 1, is de Labradoodle ontstaan in Australië toen een Labrador en een Poedel werden gekruist om de originele F1 (eerste generatie) Labradoodle te produceren. Nu de Labradoodle-rage zich over de hele wereld heeft verspreid, zijn er duidelijke geografische verschillen ontstaan.

Geografische Types
Amerikaans

De VS claimt graag zijn eigen versie van het ras, bekend als de Amerikaanse Labradoodle. Dit zijn Labradoodles die zijn gefokt uit bij de American Kennel Club (AKC) geregistreerde Labradors en Poedels. Ze worden meestal niet Amerikaanse Labradoodles genoemd als het niet om een originele kruising gaat.

Brits

Vergelijkbaar met de VS gebruikt het VK de namen Britse Labradoodles, Engelse Labradoodles of UK Labradoodles. Ook hier verwijst dit naar een originele kruising tussen een geregistreerde Labrador en Poedel, en niet naar multigenerationele Labradoodles.

Australisch

Hoewel de Labradoodle technisch gezien een kruising is tussen een Labrador en een Poedel, heeft de Australische Labradoodle ook enkele andere rassen in zijn bloedlijn. Deze omvatten de Engelse Cocker Spaniel, de Amerikaanse Cocker Spaniel en de Ierse Waterspaniel. Als gevolg hiervan heeft de Australische Labradoodle wat genetische variatie in vergelijking met andere Labradoodles wereldwijd.

Multigenerationele Australische Labradoodles, die voortkomen uit het kruisen van twee andere Labradoodles, zijn consistenter in hun genetische samenstelling. Hun vachten zijn meestal niet-verharend en golvend of krullend, in plaats van vlak.

Foto met dank aan
Donnie Padgett

Formaat Types

De formaten van Labradoodles kunnen sterk variëren door de verschillende soorten Poedels die in de genenpool zijn gemengd. Daarom betekent het kopen van een Labradoodle niet dat je specifiek een kleine of grote hond koopt.

Standaard

De standaard Labradoodle is de grootste van allemaal. De schofthoogte kan 53 cm tot 63 cm zijn, waarbij het vrouwtje meestal iets kleiner is dan het mannetje binnen dit hoogtebereik. Een normaal gewichtsbereik is 23 kg tot 30 kg; de honden kunnen echter ook veel groter zijn.

Medium

De medium Labradoodle heeft een schofthoogte van 43 cm tot 52 cm en weegt 13 kg tot 20 kg. Ook hier is het vrouwtje meestal kleiner dan het mannetje.

Miniatuur

Miniatuur Labradoodles komen meestal voort uit kruisingen met miniatuur Poedels en kunnen als gevolg daarvan erg klein zijn. De schofthoogte is meestal 35 cm tot 42 cm en het gewicht tussen 7 kg en 13 kg.

"F" Nummers

Als je van Labradoodles hebt gehoord, heb je zeker gehoord van F-nummers. Maar al het gepraat over F-nummers kan erg verwarrend zijn. F staat voor filiaal, afgeleid van het Latijnse woord filius (zoon). Losjes vertaald betekent het 'gerelateerd aan een zoon of dochter'.

Wat zijn 'F' generaties?

Een F1 Labradoodle is een originele kruising van een Labrador met een Poedel. De originele kruisingen kunnen enigszins variabel zijn, aangezien de helft van de genen van een Labrador komt en de helft van een Poedel, in plaats van dat alle genen van Labradoodles komen. Een F1 Labradoodle verhaart vaak, hoewel sommige eigenaren van F1 Labradoodles geluk kunnen hebben en er een hebben die meer van de Poedel-genen erft als het gaat om vachtverlies.

Veel experts geloven dat de F1-generatie gezonder is dan individuele raszuivere generaties. Dit staat bekend als hybride kracht. Dit is enigszins een mythe, aangezien een gezonde pup afkomstig is van twee gezonde ouders zonder genetische problemen. Degenen die in hybride kracht geloven, menen echter dat alleen de F1-generatie hiervan profiteert, en hoe meer multigenerationeel de Labradoodle, hoe meer dit voordeel verloren gaat.

Na de F1-generatie worden de volgende generaties genoemd naar de laagst genummerde ouders, door het volgende nummer toe te voegen. Zo kan een F2 Labradoodle bijvoorbeeld twee F1 Labradoodles zijn die samen zijn gefokt, of een F1 gekruist met een F2, F3 of F4, enzovoort. En evenzo is een F3 Labradoodle het nageslacht van een F2 gekruist met een F2, F3, F4 of F5, enzovoort. Zodra de nummers in veelvouden komen, wordt het type kruising een multigen of multigenerationele kruising genoemd. Deze zijn erg populair, want als multigenerationele Labradoodles van een goede fokker komen, zullen hun uiterlijk, vachttype en temperament aanzienlijk consistenter en voorspelbaarder zijn. Als gevolg hiervan kunnen ze duur zijn, zelfs tot tienduizenden euro's.

Foto met dank aan Courtney Nadeau

Wat zijn 'B' generaties?

*Foto met dank aan
Robin Norman*

Bij B-generaties wordt het fokken ingewikkelder. De B staat voor backcross (terugkruising). Een terugkruising vindt plaats wanneer een Labradoodle wordt teruggekruist met een van de oorspronkelijke rassen, een Poedel of een Labrador. Meestal is dit een Poedel, omdat dit helpt om de krul en kwaliteit van de vacht te verbeteren. Maar als gevolg hiervan kan de Labradoodle uiteindelijk een hoger percentage Poedel dan Labrador zijn. Latere generaties terugkruisingen kunnen worden gekruist met een oorspronkelijk ras of een Labradoodle terugkruising. Bijvoorbeeld:

F1B (1e generatie terugkruising) = F1 Labradoodle x Poedel

F2B (2e generatie terugkruising) = F1 Labradoodle x F1B Labradoodle of F2 Labradoodle x Poedel

Etc.

Levensverwachting

Labradoodles zijn relatief langlevende honden, met een levensduur van gemiddeld 12-15 jaar. Hoe kleiner het type, hoe langer ze waarschijnlijk zullen leven. Dat gezegd hebbende, zijn er veel factoren die een rol spelen bij de levensduur, waaronder genetica, beweging, voeding en gezondheidsproblemen.

Kleuren

Een van de meest voorkomende inconsistenties binnen het Labradoodle-ras is het uiterlijk van de vacht. Er is een grote verscheidenheid aan potentiële kleuren en vachttexturen. De texturen kunnen een rechte, haarachtige vacht omvatten die lijkt op die van een Labrador, een golvende fleece vacht, of een krullende wollen vacht die sterk lijkt op een Poedel. Als gevolg hiervan is er geen garantie hoe een Labradoodle-puppy er uiteindelijk uit zal zien. Er zijn veel verschillende soorten kleuren, en het is gebruikelijk dat een nest veel variaties heeft. De kleur van een puppy zal zich waarschijnlijk ook ontwikkelen of veranderen naarmate hij volwassen wordt.

Rood
Een rode Labradoodle heeft een opvallend rijke vachtkleur. Het is een tint kastanjebruin, met een zwarte neus.

Abrikoos
Een abrikoos Labradoodle heeft een rijke donkergouden vacht, die lijkt op de binnenkant van een rijpe abrikoos. De neus is altijd zwart.

Foto met dank aan Marki Walls

Karamel

Karamel is een populaire en veel voorkomende kleur. Karamelkleurige Labradoodles hebben meestal bruine neuzen en een vacht tussen lichtgeel en geel met een rode tint. Het verschil met andere Labradoodles met een vergelijkbare vachtkleur is de kleur van de neus.

Crème

Crème is een vergelijkbare kleur als karamel, maar iets lichter. Het belangrijkste verschil is dat de neuspigmentatie zwart is.

Blauw

Blauwe puppy's worden geboren met een zwarte vacht met een blauwe pigmentatie en zwarte neuzen. De blauwe vacht van een Labradoodle ontwikkelt zich gedurende de eerste paar jaar.

Zilver

Het is moeilijk om te weten of een puppy zilver zal worden, aangezien de honden meestal de eerste jaren van hun leven zwart zijn. De kleur kan variëren, van licht tin tot donker houtskool. Zilveren Labradoodles hebben zwarte neuzen.

Krijt

Zoals de naam al doet vermoeden, is deze kleur gebroken wit met een zwarte neus, vergelijkbaar met die van de Poedel.

Chocolade

Chocolade Labradoodles hebben een donkerbruine vacht, hoewel veel exemplaren lichter worden met de leeftijd.

Café

Deze kleur is bijna beige, vergelijkbaar met de Perkament-kleur maar iets meer geel. De neus heeft een bruin-roze kleur.

Lavendel

Deze kleur is een zeer lichte chocolade, die in bepaald licht een roze of lavendel kleur afgeeft. De neus is bruin-roze van kleur.

Zwart

Zwarte Labradoodles hebben ook zwarte neuzen en zijn effen van kleur zonder andere kleuren in de vacht.

Perkament

Perkament is een ongebruikelijke kleur vergelijkbaar met koffie met een royale toevoeging van melk. Het is meestal een donker, somber bruin-beige, maar kan ook een vergelijkbare kleur zijn als een chocolade Labradoodle. De neus is bruin-roze van kleur.

Gemengd

Gemengde kleuren kunnen ofwel 'parti' zijn, wat wit is met vlekken of plekken van een effen kleur, of 'phantom', wat een effen basiskleur is met een tweede kleur boven elk oog, aan de zijkanten van de snuit, op de borst en poten.

Hypoallergene en Niet-Verharende Vachten

"Oh, en er bestaat niet zoiets als een (volledig) hypoallergene hond. Veel mensen met allergieën reageren minder of helemaal niet op Labradoodles, maar ze zijn niet niet-allergeen."

Carolyn DeBar
Doodle Around

Een van de gemeenschappelijke aantrekkingspunten van de Labradoodle is zijn hypoallergene, niet-verharende vacht. Een zogenaamde hypoallergene vacht is er een die minimaal verhaart en geen of minimale huidschilfers heeft. Tenzij de fokkers echter zeer zorgvuldig zijn geweest met hun genetische monitoring en individuele puppy's hebben getest, is het onmogelijk om echt te weten of een individu een vacht zal verharen of een hypoallergene vacht zal hebben. Er is nu echter een genetische test ontwikkeld, die zoekt naar het IC-gen (improper coat), die zal helpen bepalen of twee ouders nakomelingen kunnen krijgen met ongewenste vachten.

Rasstandaard

Aangezien de Labradoodle nog niet erkend is als een officieel ras, maar in plaats daarvan een 'kruising' of 'designer' ras is, heeft de Raad van Beheer op Kynologisch Gebied in Nederland nog geen officiële standaard voor het ras vastgesteld. Dit betekent echter niet dat je Labradoodle niet kan worden geregistreerd. De Raad van Beheer heeft een programma genaamd 'Registratie Niet-Rashonden' dat alle soorten honden omarmt. Wanneer je je inschrijft, ontvang je vergelijkbare voordelen als bij traditionele registratie. Dit omvat een officieel certificaat, de mogelijkheid om deel te nemen aan evenementen zoals behendigheid, rally, speurneus, gehoorzaamheid en speurwerk, in aanmerking komen voor titels, deelname aan de Chip & Registratie service, en toegang tot diverse hondenactiviteiten.

De Britse Kennel Club staat ook toe dat kruisingen zich bij hen registreren op het Activity Register, om hen in staat te stellen deel te nemen aan evenementen, maar heeft nog geen rasstandaard voor de Labradoodle gepubliceerd.

De enige beschikbare rasstandaard is die van de Australian Labradoodle Association. Deze is relevant voor Australische Labradoodles die andere rassen in hun genetica hebben; Amerikaanse en Britse Labradoodles missen echter nog steeds een standaard om aan te voldoen.

De Australische Fok Standaard voor de Labradoodle (2007)

Algemeen Uiterlijk: Moet atletisch en sierlijk overkomen met een compact lichaam dat substantie toont met medium botstructuur. Mag niet plomp of zwaar lijken, noch te fijn. Een onderscheidend kenmerk van dit ras is de vacht, die niet verhaart en gemakkelijk te onderhouden is.

Temperament: Uiterst slim, sociaal, komisch, vrolijk, energiek wanneer vrij en zacht en rustig wanneer aangelijnd. De honden moeten mensen benaderen op een vrolijke, vriendelijke manier, leergierig en makkelijk te trainen. Ze moeten een intuïtie tonen over de huidige emotionele toestand of behoeften van hun familieleden of handlers. Dit vermogen om te weten is wat de Australische Labradoodle een uitstekende hond heeft gemaakt voor individuen met speciale behoeften.

Lichaam: Hoogte (tot schoft) gelijk aan lengte (van borstbeen tot punt van zitbeen) moet vierkant en compact lijken. Diepe borst en goed gewelfd. Er moet een goede oploop zijn. Lendenen moeten sterk en gespierd zijn.

Hoofd: Matig breed met goed gedefinieerde wenkbrauwen. Stop moet gematigd zijn met ogen die ver uit elkaar staan. Het hoofd moet van gemiddelde breedte zijn; ontwikkeld maar zonder overdrijving. Voorsnuit moet korter lijken dan schedel. Het hoofd moet strak zijn en vrij van vlezige wangen. Het hele hoofd moet in verhouding staan tot de grootte van de hond.

Oren: Groot, expressief en licht afgerond.

Bek: Moet een schaarbeet zijn. Boventanden moeten de ondertanden net overlappen.

Neus: Moet groot zijn, vierkant van uiterlijk en vlezig.

Gebit: Schaarbeet. Onderbeet of overbeet is een ernstig gebrek. Opeengepakte tanden bij miniaturen is een fout.

Voorhand: Schouderbladen en bovenarmen moeten dezelfde lengte hebben, en schouders moeten goed teruggelegd zijn. Ellebogen zijn dicht tegen het lichaam geplaatst. Voorpoten moeten recht zijn wanneer van voren bekeken. Naar binnen of buiten draaien van de tenen is een fout.

Achterhand: In profiel is de croupe bijna vlak, lichte helling van de croupe is acceptabel. Kniegewrichten moeten matig gebogen zijn om voorwaartse beweging te bevorderen, en achterhand goed gespierd voor kracht in beweging. Spronggewricht tot hiel moet sterk en kort zijn, loodrecht op de grond. Gezien vanaf de achterkant moeten ze parallel aan elkaar zijn, mogen niet koehakkig zijn.

Voeten: De voeten zijn van gemiddelde grootte, rond met goed gebogen tenen met elastische en dikke kussentjes. Voeten mogen niet naar binnen of buiten draaien.

Staart: De staart moet de toplijn volgen in rust of in beweging. Hij kan vrolijk gedragen worden, maar mag niet volledig over de rug krullen. De punt van de staart mag de rug niet raken of op zichzelf krullen.

Beweging: De drafgang is moeiteloos, soepel, krachtig en gecoördineerd bij volwassen honden. Hij moet een goede reikwijdte vooraan hebben en aandrijving van achteren voor voorwaartse beweging. Gezonde, vrije beweging en een lichte gang zijn essentieel.

HOOFDSTUK 3
Voorbereiden op een Labradoodle

"Ik zeg altijd tegen potentiële puppyfamilies: als je van een Labrador houdt, zul je helemaal weg zijn van een Labradoodle. Ze hebben de vriendelijkheid en openheid van een Labrador en het verstand van een Poedel. De meeste doodles denken dat ze mensen zijn en gedragen zich daar ook naar. Ze houden ervan om dicht bij hun familie te zijn en leggen vaak een pootje op hun 'persoon'."

Jenny Williams
Happy Go Lucky Labradoodles

Het is niet moeilijk te begrijpen waarom iemand verliefd zou worden op de Labradoodle. Hoewel je al verliefd kunt worden als je het ras in de media tegenkomt, ben je vast en zeker betoverd door zijn charme en liefdevolle karakter als je een Labradoodle in het echt hebt ontmoet, bijvoorbeeld in het park of bij een vriend. Misschien heb je zelfs tot je verbazing ontdekt dat de Labradoodle van je vriend je hondenallergie niet heeft

Foto met dank aan
Rose Miller

Foto met dank aan
Laura Lord

opgewekt, en overweeg je nu voor het eerst een hond te nemen. In dit boek zullen we meermaals benadrukken dat de Labradoodle niet per definitie hypoallergeen is,op enkele na . Met extra zorgvuldigheid kun je dus misschien een beste vriend vinden die je huis kan delen.

Ben je er klaar voor?

Als je al eerder een hond hebt gehad, weet je al welke aanpassingen en compromissen je in je leven moet maken om plaats te bieden aan een hond. Maar je weet ook dat de voordelen van een hond in je leven de balans positief doen doorslaan. Een hond om je heen is de perfecte stressverlichter, zodra je de eerste stressvolle maanden van zindelijkheidstraining, vernieling en opvoeding achter de rug hebt! Honden moedigen je aan om te bewegen en ze laten je kinderen zien hoe ze voor anderen moeten zorgen. Het is zelfs bewezen dat ze je immuunsysteem versterken. Maar bovenal is de onvoorwaardelijke liefde van een hond iets dat niet te meten valt en zet het alle beproevingen van het leven in perspectief.

Foto met dank aan
Ted Micucci

Aan de andere kant betekent het hebben van een hond toewijding. De hond moet dagelijks worden uitgelaten en heeft ook een groot deel van de dag gezelschap nodig. Je moet regelingen treffen voor je hond wanneer je op vakantie gaat. Een hond zo groot en ruig als een Labradoodle zal behoorlijk wat vuil je huis binnenbrengen, zelfs als je het geluk hebt er een te vinden die niet verhaart of ruikt. En de financiële kosten van het houden van een Labradoodle duren gedurende zijn hele levensduur van 12-15 jaar, en nemen waarschijnlijk toe met de leeftijd. Al deze zaken moeten dus zorgvuldig worden afgewogen voordat je de grote stap zet om een Labradoodle in huis te halen.

Kosten van het houden van een Labradoodle

De eerste kosten waarmee je te maken krijgt bij het overwegen van een Labradoodle is de daadwerkelijke prijs van de hond. Zoals eerder genoemd, is de Labradoodle een duur ras – en dat is meteen een groot nadeel. Veel fokkers zien hierin een kans om geld te verdienen, vaak ten koste van het welzijn van de ouderdieren en de pups die ze voortbrengen. De kosten van de hond zijn niet noodzakelijkerwijs een betrouwbare indicator voor de kwaliteit of de ethische normen van de fokker, en het is aan de koper om beide belangrijke punten te onderzoeken. Maar gemiddeld kost een Labradoodle tussen de €900 en €1800 bij een fokker, en soms veel meer.

Als je een Labradoodle voor een lager dan gemiddelde prijs hebt gekocht, kan dit verschillende redenen hebben. Soms vindt de fokker dat een bepaalde pup niet aan de standaard voldoet, en verkoopt hij de pup

Foto met dank aan Angela Ash

29

al gecastreerd of met een contract om dit te doen, om hem uit de fokpopulatie te halen. Een goedkopere pup kan gezondheidsproblemen hebben die later kosten met zich meebrengen, of hij heeft simpelweg de verkeerde vachtstructuur of kleur. Soms wordt een pup teruggebracht naar de fokker omdat hij niet hypoallergeen is, of omdat de eigenaren niet grondig hebben nagedacht over de verantwoordelijkheden van het hebben van een hond. Je kunt dus een oudere pup voor een lagere prijs krijgen, maar je moet misschien harder werken om zijn training opnieuw te beginnen als hij de eerste maanden heeft gemist.

Soms worden puppy's of oudere Labradoodles aangeboden op websites. In dat geval moet je voorzichtig te werk gaan om de precieze redenen voor de herplaatsing vast te stellen en of je in staat bent om daarmee om te gaan. Particuliere verkopen en herplaatsingen zijn niet ideaal of in het belang van de hond, aangezien er zelden huiscontroles worden uitgevoerd. Het is beter om een asiel of opvang te steunen, maar je zult nog steeds een herplaatsingsvergoeding van enkele honderden euro's moeten betalen om de kosten te dekken en je toewijding aan de hond te tonen.

Hoe goed je hond is gefokt, is een indicator voor zijn waarschijnlijke dierenartskosten gedurende zijn leven. Een hond van bekende, goed geteste ouders met gezondheidscertificaten heeft veel meer kans op een gezond leven. Een hond uit onbekende lijnen daarentegen, kan vaker bij de dierenarts belanden en mogelijk levenslange aandoeningen hebben die zijn levenskwaliteit aantasten.

Sommige hiervan worden beschreven in Hoofdstuk 14. Het is belangrijk om vanaf het begin een huisdierenverzekering af te sluiten, voordat je hond wordt behandeld voor een aandoening die vervolgens zou worden uitgesloten. Op die manier kun je budgetteren voor zijn gezondheidszorg zonder onaangename verrassingen of onbetaalbare kosten.

Doorlopende gezondheidskosten omvatten vaccinaties, parasietenbestrijding, tandverzorging en routinematige dierenartsbezoeken die onder de minimale claimdrempel vallen die door je verzekeringsmaatschappij is vastgesteld. Voedingskosten variëren afhankelijk van de grootte van je hond en worden in meer detail uitgelegd in Hoofdstuk 11.

De uitrusting die je voor je Labradoodle moet kopen, is grotendeels een eenmalige uitgave, maar sommige items zoals halsbanden, tuigjes, benches en bedden moeten mogelijk worden vervangen naarmate je hond groeit, en andere items zullen slijten of kapot gaan. Hoeveel geld je uitgeeft aan de uitrusting van je Labradoodle is een kwestie van persoonlijke keuze. Veel eigenaren houden van de winkelervaring omdat het hen veel plezier geeft om hun hond te verwennen. Maar zolang de items die je koopt geschikt zijn voor de grootte en goed gemaakt zijn, zal je hond net zo blij zijn, ongeacht de kosten. Mensen met een beperkt budget kunnen overwegen tweedehands te kopen, zolang de gebruikte hondenuitrusting is schoongemaakt en gedesinfecteerd, en niet kapot of overmatig versleten is.

Foto met dank aan Kasie Duffy

Welke vachtstructuur je Labradoodle ook heeft, het zal zeker dik en harig zijn! De haarvacht is gevoelig voor verharen, dus regelmatig buiten borstelen houdt je huis schoner. Aan de andere kant is de niet-verharende wollige vacht gevoelig voor klitten, dus heeft deze speciale aandacht nodig. De tussenliggende, over het algemeen niet-verharende fleece vachtstructuur heeft ook regelmatig verzorging nodig. Veel Labradoodle-eigenaren schakelen een professional in om de vacht van hun hond in goede conditie te houden. Daarnaast kiezen velen ervoor om hun hond in de warme zomermaanden te laten trimmen. Meer advies over vachtverzorging wordt gegeven in Hoofdstuk 12.

Een hond is voor het leven, en daarom is het belangrijk dat je voldoende tijd hebt besteed aan het overwegen of een Labradoodle bij je past, en of je de tijd en financiën hebt om je aan hem te wijden. Als je besluit om een Labradoodle te nemen, zal dit een spannende tijd voor je zijn. Het vinden van een lieve Labradoodle als metgezel kan een van de meest geweldige momenten van je leven zijn.

HOOFDSTUK 4
Een Pup Selecteren

Het selecteren van een goede Labradoodle-fokker is het grootste mijnenveld dat je zult tegenkomen bij de aanschaf van je nieuwe beste vriend. Meer nog dan bij het selecteren van een rashond, waarbij fokkers streng gereguleerd worden door de Raad van Beheer op Kynologisch Gebied in Nederland.

En dat in tegenstelling tot het kiezen van een bastaardhond, waarbij de gemengde genetica erfelijke gezondheidsproblemen deels kan compenseren, en de hond vaak niet afkomstig is uit een puppyfabriek. De populariteit en het hoge prijskaartje van de Labradoodle hebben het ras aantrekkelijk gemaakt voor talloze fokkers die vooral uit zijn op winst. Het is dan ook een van de redenen waarom Wally Conron wanhopig werd over de doos van Pandora die hij zelf had geopend. Het is essentieel om te erkennen dat zelfs

Foto met dank aan Patricia Adams

sommige bekende kennels met gerenommeerde Labradoodle-referenties mogelijk niet zijn wat ze lijken.

Een Betrouwbare Fokker Vinden

"Het is zeer belangrijk om zeker te weten dat je samenwerkt met iemand die ervaring heeft met het ras en het beoordelen van persoonlijkheid en temperament. Sommige fokkers laten je een puppy kiezen op basis van alleen een foto, of na één ontmoeting met het nest. Wij geloven persoonlijk dat de belangrijkste factor voor een succesvolle langetermijnrelatie tussen een puppy en een gezin is dat de persoonlijkheid en het temperament goed bij dat gezin passen. Een ervaren fokker of opvangorganisatie kan feedback geven over elke puppy en je begeleiden naar degene die het beste bij jouw thuissituatie past, en voor wie jouw thuis het meest geschikt is. Vertrouw op die ervaring."

Rochelle Woods
Spring Creek Labradoodles

In eerste instantie vraag je je misschien af hoe je een Labradoodle-fokker kunt vinden wanneer het ras niet erkend wordt door de Raad van Beheer. Er zijn twee opties. Ben je verliefd geworden op het ras vanwege een specifieke Labradoodle die je hebt ontmoet? Misschien de hond van een vriend, of eentje die je regelmatig in het park ziet? In dat geval is het de moeite waard om de eigenaar te vragen waar zij hun hond hebben gekocht, aangezien je zelf hebt gezien dat de honden van deze kennel een prettig karakter hebben en, voor zover de eigenaren weten, geen erfelijke gezondheidsproblemen vertonen. Er gaat niets boven een persoonlijke aanbeveling. Als je geen Labradoodle-eigenaar kent, is het de moeite waard om op internet naar Labradoodle-forums te kijken, aangezien ervaringen en aanbevelingen op internetforums vaak veel eerlijker zijn dan de glanzende marketingteksten op de websites van fokkers.

De andere route naar een goed gefokte Labradoodle is via de Labradoodle Club in jouw land. Deze hebben een lijst met fokkers; je kunt echter niet automatisch vertrouwen op de ethische normen en welzijnsstandaarden van deze fokkers, en zult nog steeds verder onderzoek moeten doen.

Bovenal moet je de fokkerij persoonlijk bezoeken voordat je besluit een Labradoodle-puppy te kopen. Vertrouw nooit op een video van een buitenlandse fokkerij als basis om een puppy te importeren. Je hebt geen betrouwbare manier om te weten onder welke omstandigheden de hond is gefokt – en loopt het risico onbedoeld een puppyfabriek te steunen. Je twee maanden oude puppy is misschien gezond, maar weet je in welke toestand zijn moeder verkeert, hoe zij wordt gehouden, en hoeveel nesten ze achter elkaar heeft moeten krijgen? En wat als je ondersteuning van de fokker nodig hebt, of de puppy moet teruggeven?

Het is ook van vitaal belang om de fokkerij te bezoeken voordat je je puppy reserveert als je een hondenallergie hebt. Dit komt door het wijdverbreide misverstand dat Labradoodles hypoallergeen zijn. Zelfs als de fokker dit beweert over zijn honden, is de enige manier om zeker te weten dat je niet zult reageren door het grootste deel van een dag in de kennel door te brengen. Een betrouwbare fokker zal dit geen onredelijk verzoek vinden en zou het voorstel moeten verwelkomen, aangezien het helpt te voorkomen dat de puppy later wordt teruggebracht vanwege allergieproblemen.

Foto met dank aan
Chrystal Sanchez

De Ouders Bekijken

"Als je bij een fokker kiest, is het belangrijkste dat je een deskundige fokker vindt die het ras kent en de tijd neemt om jou te leren kennen. Gewetensvolle fokkers testen het temperament van de puppy's regelmatig en hebben expertise in het matchen van jou met de perfecte puppy, niet alleen op basis van uiterlijk. Een goede persoonlijkheidsmatch is altijd belangrijker dan uiterlijk of bouw. De fokker is degene die je daar het best bij kan helpen – zij kennen de puppy's door en door, terwijl jij misschien maar twintig minuten hebt om een keuze te maken. "

Robby Gilliam
Mountain View Labradoodles

Als je de fokker persoonlijk hebt bezocht, zou je de moeder moeten kunnen zien, of de vrouwelijke honden die door de kennel worden gebruikt als er momenteel geen zwanger zijn of pups zogen. De kennel heeft niet noodzakelijkerwijs de reuen die ze gebruiken op het terrein, aangezien deze vaak elders worden gehouden en eigendom zijn van anderen. Voor nesten die momenteel verwacht worden, moet de fokker echter de stambomen en fokkerscertificaten van de vader kunnen verstrekken. Meestal kun je ook foto's zien of een afspraak maken met de eigenaren van de vader om hem persoonlijk te bezoeken.

Let op inteelt bij het bekijken van stamboomoverzichten, wat zich uit in een herhaling van dezelfde namen, aangezien dit kan wijzen op een hogere kans op het doorgeven van genetische aandoeningen. Soms is selectieve inteelt toegestaan, vooral bij de ontwikkeling van een ras, en wordt dit lijnteelt genoemd. Dit moet echter worden goedgekeurd door de rasvereniging, en de fokker moet hierover documentatie kunnen verstrekken.

Het belangrijkste waar je op moet letten bij het bekijken van de ouders is dat ze in schone en comfortabele omstandigheden worden gehouden, idealiter in een huiselijke omgeving, en niet overmatig worden gefokt. De moeder moet minstens 16 maanden oud zijn en niet ouder dan acht jaar. Ze mag maximaal vijf nesten krijgen in haar fokjaren, met een interval van minstens 10 maanden tussen elk nest (varieert per land). De reu moet ouder zijn dan 12 maanden, omdat heupen en ellebogen niet kunnen worden getest op dysplasie voordat een reu volledig is uitgegroeid.

Natuurlijk hoeven bij een Labradoodle niet beide ouders Labradoodles te zijn. Als het een eerste-generatie-kruising is, kan de moeder een Labrador Retriever zijn en de vader een Poedel. In dat geval moeten de ouders gecertificeerd zijn door de Raad van Beheer. Soms wordt een Labradoodle ook teruggekruist met een Poedel. Als beide ouders Labradoodles zijn, zijn gezondheidsscreenings niet verplicht. Betrouwbare fokkers die erkend zijn door de rasvereniging doen echter méér dan de standaard tests om te verzekeren dat hun puppy's gezond zijn en vrij van erfelijke problemen. Je moet zoeken naar een schone lei wat betreft heupdysplasie, elleboog-dysplasie, hypothyreoïdie, de ziekte van Von Willebrand en Progressieve Retina Atrofie (PRA).

Wees je ervan bewust dat een nest Labradoodles is als Forrest Gump's doos chocolaatjes – je weet nooit wat je gaat krijgen! Naar de ouders kijken is geen garantie voor kleur, vachtstructuur, verharen of hypoallergene eigenschappen, waarvan allerlei variaties in één nest kunnen voorkomen. Je zou echter wel temperament, gezondheid en in zekere mate grootte kunnen voorspellen. Multigenerationele Labradoodles produceren consistentere puppy's.

Foto met dank aan Michelle Duggins

De Perfecte Puppy Kiezen

"Zoek een fokker die temperamenttests doet op zeven weken of later. Als je een puppy kiest op basis van uiterlijk op drie dagen of drie weken, weet je niets over die puppy. Je wilt misschien een jachthond, en je eindigt met een bankhanger. Je wilt misschien een therapiehond en je eindigt met een hond die niet stil kan liggen. Je zoekt misschien een rustige hond en eindigt met een extreem speelse, energieke puppy - of vice versa. Het niet hebben van een puppy met het juiste temperament is een van de belangrijkste redenen waarom honden in asielen belanden."

Carolyn DeBar
Doodle Around

Wanneer je de fokkerij voor het eerst bezoekt als onderdeel van je onderzoek, zijn er mogelijk wel of geen puppy's aanwezig, en als ze er zijn, kunnen ze al gereserveerd zijn. Vanwege de populariteit van Labradoodles moet je meestal je naam op een lijst zetten voor het volgende nest.

Je bent nu op het punt gekomen dat je een betrouwbare fokker hebt gevonden en een puppy hebt gereserveerd. De fokker zal je waarschijnlijk niet uitnodigen om naar de puppy's te kijken voordat ze vijf weken oud zijn, aangezien tot die tijd hun uiterlijk en persoonlijkheden nog volop in ontwikkeling zijn. Je zult echter waarschijnlijk wel op bezoek mogen komen voordat de pups gespeend zijn om je nieuwe Labradoodle te selecteren. Houd er rekening mee dat sommige fokkers hun pups graag zelf matchen aan kandidaten, gebaseerd op hun ervaring met de persoonlijkheidskenmerken die ze zien ontwikkelen bij de puppy's, en de individuele omstandigheden en levensstijl van de kandidaat.

Laten we aannemen dat de fokker je je puppy laat kiezen uit het nest. Zoals eerder opgemerkt, kan een nest Labradoodles er allemaal zeer vergelijkbaar uitzien als ze multigenerationeel zijn, gefokt uit opeenvolgende generaties Labradoodles. Of als het eerste of vroege generatie Labradoodle-puppy's zijn, kan het nest een compleet assortiment aan kleuren en vachtvariëteiten bieden. De vacht zal echter veranderen naarmate je hond volwassen wordt, dus als je allergieproblemen hebt, moet je advies inwinnen bij de fokker over welke puppy waarschijnlijk het minst verhaart en het meest hypoallergeen is. Je hebt hier een betere garantie op bij multigenerationele Labradoodles.

Wanneer je naar een nest puppy's kijkt, of het nu rashonden, hybriden of kruisingen zijn, de criteria zijn hetzelfde. De pups moeten schoon zijn zonder afscheiding uit hun ogen of oren. Hun achterwerk moet schoon zijn zonder natte of droge urine of ontlasting. Hun buikjes mogen geen bulten hebben die wijzen op een hernia. Bij een mannelijke puppy moeten twee ingedaalde testikels aanwezig zijn, hoewel deze bij een eerste bezichtiging mogelijk nog niet zijn ingedaald. De puppy's moeten goed eten en er levendig, helder en nieuwsgierig uitzien, en ze moeten vrolijk met hun nestgenoten spelen.

Sommigen zeggen dat je je puppy jou moet laten kiezen, maar anderen vinden dat slecht advies – vaak is het namelijk de meest dominante pup die als eerste op je afkomt, en die kan behoorlijk pittig blijken te zijn naarmate hij opgroeit! Aan de andere kant kan een verlegen puppy socialisatieproblemen hebben. Als je geen uitdaging wilt, is het het beste om de puppy's te overwegen die noch dominant noch onderdanig zijn. Of je een jongen of een meisje kiest, is een kwestie van voorkeur en beide zullen een geweldig huisdier zijn. Maar als je al een hond hebt, is het meestal het beste om het tegenovergestelde geslacht te kiezen, zolang je huidige hond gesteriliseerd is.

De pup die je kiest, moet het fijn vinden om vastgehouden te worden. Als je allergisch bent, probeer de pup dan zo vaak mogelijk vast te houden – voor zover de fokker dat toestaat – om te testen of je een reactie krijgt. Probeer ook regelmatig terug te komen tot aan de dag dat je hem ophaalt. Labradoodles worden vaak in een vroeger stadium gesteriliseerd dan andere rassen om ongereguleerde fokkerij te voorkomen, en zo niet, dan komen ze bijna altijd met een contract om gesteriliseerd te worden vóór de leeftijd van 18 maanden, vaak eerder.

Fokkercontracten en Garanties

Zodra je een puppy hebt gekozen, zullen de meeste betrouwbare fokkers een contract en garantie aanbieden. Deze zullen verschillen tussen fokkers, dus het is belangrijk om het papierwerk grondig door te lezen voordat je tekent. Puppycontracten zijn een manier voor fokkers om verwachtingen van beide kanten te schetsen, en het is een goed idee om deze op te stellen.

Het begin van het contract moet alle feitelijke informatie bevatten over de puppy die je koopt. Dit omvat welke puppy, de ouders, registratiegegevens (indien van toepassing) en chipnummer (indien al gedaan). Dit helpt je om te identificeren welke puppy van jou is als er later een geschil ontstaat. Het moet ook vermelden hoeveel je hebt afgesproken te betalen voor de puppy, of je een aanbetaling hebt gedaan, of je al volledig hebt betaald, of dat je in termijnen betaalt.

Het belangrijkste deel van het contract voor jou beschrijft wat de fokker garandeert over de puppy. De meeste fokkers garanderen dat de puppy in goede gezondheid verkeert op het moment van aankoop, maar sommigen zullen eisen dat je je puppy binnen 72 uur na ophalen naar een dierenarts brengt voor een controle om dit te bevestigen. Het contract zal ook alle garanties voor genetische aandoeningen beschrijven. Aangezien Labradoodles geen raszuivere honden zijn, zijn er geen verplichte genetische tests, maar veel fokkers zullen de ouders toch vrijwillig laten testen op genetische ziekten. Zoals eerder vermeld, omvat dit tests voor heupdysplasie, elleboogdysplasie, hypothyreoïdie, de ziekte van Von Willebrand en Progressieve Retina Atrofie (PRA).

Sommige fokkers kunnen ook andere voorwaarden in hun contracten opnemen waaraan je moet voldoen als je die specifieke puppy wilt. Deze kunnen onder meer een verplichting inhouden om je puppy te laten steriliseren, of een clausule dat je niet met hem of haar mag fokken zonder hun toestemming. Er kan ook in staan dat je bepaalde gezondheidstests moet laten doen, zoals heup- en elleboogscores, wanneer hij volgroeid is. Als het contract je ongemakkelijk maakt, is er niets dat je dwingt om het te ondertekenen, en je kunt altijd een andere fokker vinden. Vanuit het perspectief van de fokker staan zij toe dat een van hun kostbaarste bezittingen naar jou gaat, en daarom willen ze alleen het beste voor hun puppy, en beschermen ze tegelijkertijd de integriteit van hun fokprogramma.

Foto met dank aan Donna Irizarry

Ten slotte moet er een sectie zijn over voorwaarden die kunnen leiden tot het teruggeven van de puppy. De meeste betrouwbare fokkers accepteren retourzendingen onder bepaalde voorwaarden, bijvoorbeeld als de puppy uiteindelijk een gezondheidsprobleem heeft of hij binnen een bepaalde periode niet went in jouw huis.

Een Labradoodle Adopteren

"Is de pup extravert, vriendelijk en blij? Dat zijn meestal goede indicatoren van vroege socialisatie. Als je er een kiest uit een asiel, probeer dan zoveel mogelijk geschiedenis te achterhalen om een goede match te verzekeren. Is de pup/hond goed met andere huisdieren? Kinderen? Bekende gezondheidsproblemen? Enzovoort."

Jenny Williams
Happy Go Lucky Labradoodles

Veel potentiële Labradoodle-eigenaren zouden er nooit aan denken om in een dierenasiel naar een hond van dit ras te zoeken. Dit komt omdat de Labradoodle zo'n fors prijskaartje heeft – hoe zou zo'n hond ooit in een opvang terechtkomen? In feite is deze aanname heel onjuist. Labradoodles kunnen om veel redenen herplaatst worden, niet noodzakelijk vanwege gedrag. Zoals we al hebben opgemerkt, kunnen ze bijvoorbeeld niet hypoallergeen blijken te zijn en eigenaren met allergieën kunnen er mogelijk niet mee omgaan. Tijdens het eerste levensjaar van de Labradoodle zal zijn vacht een paar keer veranderen. De eerste is waarschijnlijk al voordat je hem ophaalt, maar de volgende verandering vindt plaats tijdens de puberteit, rond de acht maanden. Als je hypoallergene hond dan toch een allergische reactie blijkt te veroorzaken bij een gevoelig persoon, kan het onmogelijk zijn om hem te houden, en in dit late stadium neemt de fokker hem mogelijk niet terug. Dit is een ongelukkige reden waarom een Labradoodle in de opvang kan belanden.

Andere redenen zijn minder uniek voor Labradoodles. Honden van alle soorten kunnen in de opvang terechtkomen door een verandering in de omstandigheden van de eigenaar. Dit kan te wijten zijn aan werkverplichtingen, financiële omstandigheden, gezondheidsproblemen of een nieuwe baby. Vaak wordt een Labradoodle privé herplaatst via lokale advertenties, maar veel eigenaren zijn van mening dat het beter is om hun hond te herplaatsen via een asiel dat goede huiscontroles en screening van de nieuwe eigenaar uitvoert, en levenslange ondersteuning biedt. Ze zien daarom af van het terugverdienen van hun aankoopkosten in het belang van hun hond.

En natuurlijk zullen er, net als bij elk ander ras, altijd Labradoodles in de opvang zijn die te problematisch zijn gebleken voor hun eigenaren. Misschien zijn ze niet goed getraind of gesocialiseerd vanaf jonge leeftijd. Ze zullen zeker een ervaren thuis nodig hebben. Of misschien blijken ze gezondheidsproblemen te hebben door slechte fokkerij. In dat geval hebben ze een thuis nodig met de financiële middelen voor hun voortdurende zorg. Of misschien werden ze gewoon te groot. In dat geval hebben ze een groter huis nodig. Het is zeldzaam dat een Labradoodle

Foto met dank aan Jennifer Russell

wordt herplaatst vanwege agressie, aangezien dit geen veelvoorkomende raseigenschap is.

Als je besluit een Labradoodle uit een asiel te adopteren, kun je voldoening halen uit het doen van iets waardevols waar je hond de rest van zijn dagen dankbaar voor zal zijn. Deze route zal in het begin minder kostbaar zijn, ook al moet je een adoptievergoeding betalen, vaak enkele honderden euro's. Als je geredde Labradoodle echter gezondheidsproblemen heeft die ertoe hebben geleid dat hij werd herplaatst, krijg je geen verzekering voor reeds bestaande aandoeningen, dus de levenslange kosten kunnen hoger zijn. Ook als hij gedragsproblemen heeft die hertraining vereisen, kan dit de kosten van een dierengedragstherapeut met zich meebrengen. Sommige reddingsorganisaties kunnen hierbij helpen, dus vraag het altijd.

Je zult bijna altijd een huiscontrole moeten ondergaan voordat je een hond uit een asiel mag adopteren. Dit is om te controleren of jouw persoonlijkheid, huis en tuin geschikt zijn voor een Labradoodle, of je de implicaties van hondenbezit begrijpt, en of iedereen in het huishouden achter het idee staat.

Je zult je hond ook nooit echt 'bezitten'; hij zal altijd eigendom blijven van de opvang en moet worden teruggebracht, niet privé herplaatst, als jouw situatie verandert. Dit is om ervoor te zorgen dat de hond nooit in verkeerde handen valt of voor winst wordt verkocht. Een geredde Labradoodle zal bijna altijd gesteriliseerd zijn voordat je hem adopteert, of je zult verplicht zijn om de procedure zo snel mogelijk na het naar huis nemen van de hond te laten uitvoeren. In de meeste gevallen maken deze voorwaarden het delen van je leven met een asielhond niet anders dan met een hond die je bij een fokker had gekocht; je hond zal je snel herkennen als zijn zielsverwant, en jullie zullen een band voor het leven hebben.

HOOFDSTUK 5
Je Huis Voorbereiden

"De meeste mensen die nog nooit een pup hebben gehad, zijn vaak verrast hoeveel werk een nieuwe pup met zich meebrengt. Door je huis puppyproof te maken, bespaar je jezelf veel kopzorgen en potentiële dierenartsrekeningen. Een goede vuistregel: ga op handen en knieën zitten (op puppyhoogte) en kijk rond vanuit hun perspectief naar alles wat een probleem zou kunnen vormen: elektriciteitssnoeren, giftige schoonmaakmiddelen, dure schoenen, enzovoort."

Jenny Williams
Happy Go Lucky Labradoodles

Foto met dank aan
Felicia Watson

Binnen- en Buitenruimtes Voorbereiden

"Grenzen zijn belangrijk, dus wij adviseren altijd om een opzet te hebben waarbij ze een klein gedeelte van het huis hebben dat gemakkelijk schoon te maken is. Naarmate de training en gehoorzaamheid worden aangeleerd, krijgen ze steeds meer ruimte in huis, maar wanneer er fouten of ongelukjes gebeuren, verliezen ze een deel van hun ruimte. Vrije toegang tot het hele huis of bepaalde ruimtes is een voorrecht dat verdiend moet worden."

Robby Gilliam
Mountain View Labradoodles

Als je nog geen hond in huis hebt, zijn er verschillende zaken om rekening mee te houden voordat je Labradoodle bij je komt wonen. Ook als je al een hond hebt, moet je misschien enkele aanpassingen doen aan je situatie, afhankelijk van de grootte van de nieuwkomer en de fase waarin hij zich bevindt qua ontwikkeling en training. Als je bijvoorbeeld een puppy verwelkomt terwijl je al een volwassen hond hebt, denk je misschien dat je tuin veilig is. Een kleine pup met graafneigingen en geen besef van grenzen kan echter snel onder je poort door glippen of door een kleine opening in het hek. Zelfs als je een volwassen hond adopteert, hebben veel honden uit asielsituaties een sterke ontsnappingsdrang die je huidige hond misschien niet heeft, dus je hekken moeten hoog genoeg zijn om te voorkomen dat hij eroverheen springt.

Vanaf het begin moet je beslissen tot welke delen van je huis je nieuwe hond toegang krijgt. Als je al een hond hebt, kan het lastig zijn om verschillende regels te hanteren, maar het is heel goed mogelijk om een puppy te beperken tot bepaalde kamers tijdens de zindelijkheidstraining en de destructieve fase van zijn jonge leven. Als je huidige hond gewend is om boven te slapen maar het zou tolereren om in dezelfde kamer als de puppy te slapen, kan dit helpen bij verlatingsangst, hoewel de pup 's nachts nog steeds in de bench moet slapen.

Je kunt delen van je huis afschermen door simpelweg de deuren te sluiten van kamers die je hondenvrij wilt houden. Veel hondeneigenaren kiezen voor traphekjes, zowel bij deuropeningen als bij de trap, totdat een hond getraind is om te weten waar hij mag komen.

Foto met dank aan Ramona Powell

Dezelfde overwegingen gelden voor de vraag of je je nieuwe hond op de bank toelaat. Voor sommige eigenaren is knuffelen met hun hond tijdens het lezen of televisiekijken een belangrijk onderdeel van hun relatie, en het is onmiskenbaar wat je hond zou kiezen. Maar als hij dat voorrecht nooit heeft gehad, zal hij het niet missen. Het probleem is dat, als je niet wilt dat je hond op de bank komt, je dit nooit mag toestaan – zelfs niet als je niet thuis bent – om verwarring te voorkomen. Dus je zult je hond in de bench moeten houden of in de keuken of een andere kamer waar hij geen toegang heeft tot de bank wanneer je weg bent, totdat hij de regels kent en respecteert. Het is goed om deze praktische zaken in gedachten te houden bij het voorbereiden van je huis op de komst van je nieuwe hond.

Gevaarlijke Dingen die Honden Kunnen Eten

"Controleer op giftige planten in huis en tuin. Zorg ervoor dat chemicaliën en schoonmaakmiddelen buiten bereik zijn. Controleer op losse elektriciteitssnoeren en verplaats ze zodat de pup er niet op kan kauwen. Richt een privéruimte in voor de pup waar hij naartoe kan gaan als hij moe is en niet gestoord wil worden. Gebruik puppyrennen en hekjes om de gebieden te beperken waar de pup kan komen."

Rochelle Woods
Spring Creek Labradoodles

Als je nog nooit een hond hebt gehad, is het gemakkelijk om dingen in huis te laten liggen die je Labradoodle zou kunnen opeten. Deze kunnen gevaarlijk voor hem zijn. Ga er echter niet vanuit dat je puppy alleen voedsel zal eten dat rondslingert. Puppy's zijn nieuwsgierig en kunnen allerlei vreemde voorwerpen kauwen en doorslikken, wat kan leiden tot levensbedreigende verstoppingen in het maag-darmkanaal. Veelvoorkomende levenloze voorwerpen die je puppy zou kunnen inslikken zijn sokken, speelgoed, ballen, stenen en fruitpitten.

Er zijn veel andere dingen die ook problemen kunnen veroorzaken als ze worden ingeslikt. Ze veroorzaken misschien geen verstopping, maar ze kunnen je Labradoodle zeker erg ziek maken. Vaak zijn dit dingen die in huis rondslingeren, dus voordat je je puppy mee naar huis neemt, zorg ervoor dat alles is opgeruimd. Enkele van de meest voorkomende giftige stoffen zijn vrij verkrijgbare medicijnen zoals ibuprofen, medicijnen op recept voor mensen, chocolade, druiven of rozijnen, uien, knoflook, kauwgom met xylitol, en sommige planten zoals rododendrons, tulpen en narcissen. Je zult verbaasd zijn wat je hond allemaal wil eten, zelfs als het voor jou niet erg smakelijk lijkt.

Andere Gevaren in Huis

"Let op treden, trappen, verhoogde terrassen en spijlen waar ze door- heen kunnen glippen. Zet gebieden met tapijt af en sluit deuren om de ruimte kleiner te maken. Ruim al het speelgoed op en controleer op snoe- ren of dingen waarop gekauwd kan worden."

Chad en Kristi Coopshaw
Riverbend Labradoodles

Foto met dank aan
Caitlyn Hallman

Naast lekkernijen die je hond zou kunnen consumeren, kunnen er ook chemische gevaren in huis zijn. Sommige hiervan moeten worden ingeslikt om schade te veroorzaken, maar andere kunnen ook schadelijk zijn voor je Labradoodle als hij er- mee in contact komt.

Schoonmaakmiddelen zoals bleekmiddel, glasreinigers en bad- kamerreinigers moeten allemaal worden opgeborgen, en de toiletbril moet omlaag blijven voor het ge- val je hond besluit eruit te drinken wanneer het net is schoongemaakt met bleekmiddel.

Rattengif is ook uiterst gevaar- lijk en kan als antistollingsmiddel werken in het bloed van je hond als het op enigerlei wijze wordt inge- nomen (waaronder het oppakken van een speeltje dat ermee in con- tact is gekomen).

Vreemd genoeg houden honden van de geur van antivries. Het heeft een zoete geur die je hond kan verleiden om het te likken of te drinken. Dit kan echter dodelijk zijn voor je hond en moet tegen elke prijs worden vermeden.

Tot slot is een van de gevaarlijkste huishoudelijke voorwerpen een batterij. Als je hond met een batterij speelt of deze zelfs inslikt, kan dit leiden tot ernstige, levensbedreigende zweren in mond, keel en maag.

Eerste Benodigdheden

Als richtlijn kan de basislijst voor je nieuwe hond de volgende items bevatten: een mand, een bench, een halsband, een lijn, een tuigje, voer- en waterbakken, en enkele onverwoestbare speeltjes zoals een gewei, een Kong® en een Nylabone®. Deze items hoeven niet nieuw te zijn, aangezien de kans groot is dat je puppy ze kan vernielen wanneer hij begint met het wisselen van zijn tanden. Als ze tweedehands zijn, moeten ze echter zeker in goede staat zijn, grondig gedesinfecteerd, en geen losse of rafelige onderdelen hebben.

Je moet ook een zak hondenvoer kopen van het merk dat de fokker momenteel aan je puppy geeft, zodat je hem langzaam kunt laten wennen aan het voer dat je hem wilt geven, in plaats van een plotselinge verandering wanneer je hem mee naar huis neemt.

Een Hondenmand Kopen

Als het gaat om het kiezen van een mand, denken mensen vaak: hoe groter, hoe beter. Maar in werkelijkheid zal je puppy zich waarschijnlijk het veiligst voelen in een mand die iets groter is dan zijn lichaam. Op die manier kan hij de zijkanten dicht bij zich voelen, zoals hij zijn nestgenootjes zou hebben gevoeld wanneer ze samen opgerold lagen. Dit betekent dat je de mand waarschijnlijk meerdere keren moet vervangen naarmate hij groeit.

Er zijn verschillende soorten manden die je kunt kopen. Populaire types zijn onder andere harde schalen met zachte binnenkussens, platte gevulde manden of manden met zachte zijkanten. Er is geen goed of fout type. Bij het kiezen van een mand zijn er, naast de grootte, een paar dingen om rekening mee te houden. Ten eerste, de dikte. Als je een oudere Labradoodle hebt, is een dikkere mand misschien beter dan een dunnere, aangezien Labradoodles vatbaar zijn voor gewrichtsdysplasie en artritis. Een dikkere mand zal deze gewrichten beter ondersteunen. Vervolgens wil je nadenken over het binnenmateriaal. De opties zijn meestal schuim, vulling of korrels. Dit kan vooral belangrijk zijn als je een puppy hebt, aangezien puppy's graag hun manden verscheuren tijdens het tandwisselen; korrels maken zeker een puinhoop! Ten slotte is het laatste waar je aan moet denken de buitenhoes. Deze moet comfortabel zijn, maar ook stevig en waterafstotend. Hij moet ook afneembaar zijn, zodat je hem kunt wassen als hij vies wordt.

Een Bench Kopen

"Als je benchtraining doet, maak dan niet de fout om je puppy een enorme bench te geven om in rond te bewegen. Als ze op de ene plek kunnen plassen en op de andere kunnen liggen, zullen ze dat doen, maar de kans is veel kleiner als ze in hun eigen rommel moeten liggen."

Robby Gilliam
Mountain View Labradoodles

Het kopen van een bench voor je puppy is essentieel als je je Labradoodle wilt benchtrainen. Honden zijn holbewoners in het wild, en daarom zijn er veel emotionele voordelen voor je hond. Benchtraining komt aan bod

Foto met dank aan
Anna Pruett

Foto met dank aan
Lilla Mizser

in hoofdstuk 8, maar eerst moet je de bench kopen. Er zijn vier verschillende soorten benches waaruit je kunt kiezen. Draadbenches kunnen worden ingeklapt, wat ze gemakkelijk maakt voor transport en opslag. Ze hebben uitstekende luchtcirculatie als je in een warm klimaat woont. Plastic benches zijn het stevigst en kunnen gemakkelijk worden schoongemaakt. Ze zijn het meest ideaal voor vliegreizen. Benches met zachte zijkanten zijn licht en flexibel. Ze vormen comfortabele holen voor je hond, maar als je een hond hebt die kauwt, zijn ze het meest kwetsbaar. Ten slotte zijn er houten benches. Deze zijn niet zo gebruikelijk als de andere, omdat ze geen superieure eigenschappen hebben, behalve dat ze het meest stijlvol zijn.

Wanneer je beslist welke maat bench je wilt kopen, moet je er een kopen die genoeg ruimte biedt voor je hond om te staan, zich om te draaien, zich uit te rekken en te liggen zonder de zijkanten te raken. Als hij groter is dan dat, kan je hond ervoor kiezen om aan de ene kant te slapen en de andere kant als toilet te gebruiken. Als je een bench wilt kopen waar je hond in kan groeien, moet je er een zoeken met tussenschotten, zodat je de grootte kunt aanpassen. Als alternatief kun je een kartonnen doos aan één kant van de bench plaatsen om hem kleiner te maken.

Zodra je een bench voor je puppy hebt gekocht, wil je deze huiselijk maken. Leg er een deken of een mand in, met wat speelgoed. Je wilt hem het gevoel geven dat het zijn veilige plek is. Het is het beste om de bench op een rustige plek in huis te zetten, maar zorg wel voor voldoende ventilatie. Een afgesloten hoek zonder luchtstroom kan ervoor zorgen dat je hond het te warm krijgt.

HOOFDSTUK 6
Ze Mee Naar Huis Nemen

"Neem wat vrije tijd om een band op te bouwen en één-op-één met je nieuwe pup te werken. Als je niet in staat bent om je puppy in de gaten te houden en aandacht te geven, zorg dan voor een veilige ruimte (met toegang tot een plashoek als de pup urenlang alleen zal zijn) voor je puppy. Leg overal in huis kauwspeeltjes binnen handbereik – wanneer de puppy bijterig wordt, geef hem dan een kauwspeeltje. Het is niet voldoende om een puppy te vertellen 'nee, bijt geen mensen', je moet hem ook vertellen wat hij WEL mag bijten. Ik raad ten zeerste aan om een paar benches te hebben – een vrij grote in de kamer waar je de meeste tijd doorbrengt, en een kleinere in je slaapkamer voor 's nachts. Of je kunt er één hebben die je van kamer naar kamer verplaatst. Labradoodles zijn extreem sociale honden en doen het NIET goed als ze de hele nacht alleen worden gelaten."

Carolyn DeBar
Doodle Around

Foto met dank aan
Laurie Page

Foto met dank aan
Dorie O'Shea

Het Belang van een Plan Hebben

"Wees voorbereid om onder de indruk te raken. Elke dag in het leven van een hond, vooral een puppy, is belangrijk. Een puppy heeft doelgerichte aandacht nodig om hem te vormen tot wat je als volwassen hond wilt. Stel ze aan zoveel mogelijk bloot terwijl je ze veilig houdt. Ze zijn afhankelijk van jou."

Jenny Walters
Blessings Labradoodles

Eindelijk is de dag aangebroken om je Labradoodle puppy mee naar huis te nemen! Wanneer je vertrekt naar de kennel, zorg dan voor een bench in de auto en neem veel oude handdoeken mee. Neem de nieuwe halsband en riem van je puppy mee, en als je meer dan twee uur moet reizen of als het warm weer is, neem dan water en een drinkbak mee. Als je tijdens de terugreis moet stoppen zodat je puppy zijn behoefte kan doen, zorg er dan voor dat dit in een afgesloten ruimte gebeurt voor het geval

Foto met dank aan
Melissa Rodriguez

hij uit zijn nieuwe halsband zou glippen. Een slip-lijn van touw is handig naast de halsband en riem bij een gloednieuwe hond, maar verstandige waakzaamheid is essentieel. Ook is het raadzaam om, totdat je puppy zijn eerste vaccinatiekuur heeft afgerond, niet te stoppen op plekken waar veel andere honden zijn uitgelaten.

Wanneer je met je puppy thuiskomt, is het natuurlijk een heel spannend moment. Voor je nieuwe hond kan het echter nogal overweldigend zijn. Hij bevindt zich niet alleen op een vreemde plek met mensen die hij niet kent, maar hij is ook weg van zijn moeder en nestgenoten, waarschijnlijk voor de eerste keer. Je moet kennismakingen rustig en ingetogen houden, zodat je nieuwe puppy zijn nieuwe omgeving in zijn eigen tempo kan verkennen.

Zorg ervoor dat hij weet waar de waterbak staat, maar laat hem verder zichzelf thuis maken zonder te veel bemoeienis. Hij zal zeker moe zijn, en nadat de eerste opwinding is gezakt, zal hij klaar zijn voor een lange slaap!

De Eerste Nacht Thuis

"Veel nieuwe puppyeigenaren realiseren zich niet dat tijdens de eerste 48 uur van de aanpassingsfase de puppy vaak weigert te eten vanwege de overgang. Het is belangrijk om geen super verleidelijke traktaties aan te bieden en hun voeding niet te veranderen ten opzichte van wat je van plan bent om op lange termijn te geven, omdat ze dit dan zullen verwachten en zullen weigeren hun normale dieet te eten."

Jeana Bigelow
Blue Ridge Labradoodles

Foto met dank aan
Laura Lord

De eerste nacht thuis zal een onrustige zijn voor alle gezinsleden. Het zal de eerste nacht weg van zijn moeder en nestgenoten zijn, en hij zal zich eenzaam voelen. Als gevolg hiervan zal hij waarschijnlijk een groot deel van de nacht janken. Er zijn echter verschillende manieren waarop je hem 's nachts kunt helpen rustig te worden.

Zorg er allereerst voor dat hij in een bench slaapt. Dit zal voor hem als een hol aanvoelen. Maar wat het belangrijkste is aan de bench, is dat deze niet te groot voor hem is. Je kunt het ook gezellig maken met knuffels en beddengoed. Knuffels zijn fijn voor puppy's om tegenaan te kruipen, omdat ze troost en warmte bieden. Je kunt de knuffel zelfs meenemen wanneer je voor het eerst kennismaakt met het nest, en deze dan mee naar huis nemen met je puppy als je hem ophaalt, zodat hij een speeltje heeft dat naar zijn nestgenoten ruikt. Kies een knuffel die speciaal voor honden is gemaakt, die zijn steviger en beter bestand tegen kauwen, en bevatten geen onderdelen die verstikkingsgevaar opleveren, zoals harde oogjes of synthetisch haar zoals bij kinderspeelgoed. Wanneer hij jankt, mag je hem onder geen enkele omstandigheid uit zijn bench halen en bij jou in bed nemen. Dit is een ongewenste gewoonte die moeilijk te doorbreken is. Je moet hem misschien wel uit zijn bench halen om hem 's nachts in de tuin te laten plassen, maar daarna moet je hem meteen terug in zijn bench zetten. Je moet hem op dit moment geen traktaties geven of met hem spelen, omdat hij moet leren dat het nacht is en hij daarom geen extra aandacht krijgt.

Met volharding zal je puppy heel snel leren om 's nachts rustig te worden.

"Een week of twee van verstoorde slaap is heel gebruikelijk wanneer je een nieuwe puppy mee naar huis neemt. Veel gezinnen zijn niet voorbereid op de aanvankelijke aanpassing aan de benchtraining voor de puppy, of op het feit dat ze de puppy midden in de nacht naar buiten moeten brengen voor een plasje. Dit duurt meestal maar een week of twee, maar het is heel gebruikelijk dat we e-mails ontvangen van vermoeide gezinnen die een beetje aanmoediging nodig hebben om door te gaan met het aanpassingsproces."

Rochelle Woods -
Spring Creek Labradoodles

Kennismaken met Andere Huisdieren

"Voor andere huisdieren in huis, begin met de pup in zijn bench, waar hij zich veilig voelt en stel hem langzaam bloot aan zijn nieuwe harige familieleden. Wanneer het duidelijk is dat iedereen het met elkaar kan vinden, probeer dan de pup eruit te laten om zelf op onderzoek uit te gaan. Dit zou een goed moment zijn om traktaties aan iedereen uit te delen. Houd het positief."

Jenny Williams
Happy Go Lucky Labradoodles

Als je al een hond hebt, is het een vergissing om met je nieuwe puppy door de voordeur te lopen en te verwachten dat je huidige hond onder de indruk zal zijn! In de weken voordat je je Labradoodle mee naar huis neemt, is het verstandig om honden van vrienden bij je thuis uit te nodigen, zodat je hond eraan went om zijn territorium te delen. Dit zal de spanning van de eerste kennismaking verminderen. Het is echter het beste als je huidige hond en de nieuwe puppy elkaar buiten in een veilige achtertuin ontmoeten, waar ze veel ruimte hebben en dingen in hun eigen tempo kunnen doen. De andere strategie is om de huidige hond buiten het huis te brengen terwijl de nieuwe puppy zich thuis maakt, en dan de huidige hond naar binnen te brengen om de nieuwkomer al in huis aan te treffen, in plaats van de nieuwe hond door de deur te brengen om de hond des huizes te ontmoeten.

Als je katten hebt, moet je ervoor zorgen dat je de puppy beschermt tegen een goed gerichte zwaai van een klauw, aangezien katten bedreven zijn in het voor zichzelf zorgen, en het je hond kan zijn die er slechter vanaf komt. Als je een volwassen Labradoodle in huis neemt, controleer dan eerst of hij goed overweg kan met katten. Het is namelijk vaak lastiger om het gedrag van een volwassen hond te veranderen dan om een puppy van jongs af aan te laten opgroeien met een huiskat. Hondenhulporganisaties testen hun honden vaak op katvriendelijkheid in pleeggezinnen voordat ze herplaatst worden.

Er moet altijd voorzichtig worden omgegaan met kleine huisdieren zoals konijnen, cavia's, knaagdieren en kippen wanneer er een hond in de buurt is. De meeste Labradoodles kunnen echter gesocialiseerd worden met huisdieren en zullen leren dat als ze belangrijk voor jou zijn, ze met rust gelaten moeten worden.

*Foto met dank aan
Gwen Benedict*

Kennismaken met Kinderen

"Puppy's verkennen hun wereld met hun mond, net als baby's, dus wees heel zorgvuldig om ze veilig te houden. Als ze proberen in vingers en tenen te bijten, geef ze dan een stevige NEE en tik dan met je vinger op hun neus."

Dixie Springer
Springville Labradoodles

Labradoodles zijn uitstekende gezinshonden. Dat gezegd hebbende, alle kinderen, ongeacht hun leeftijd, moeten vanaf het begin leren hoe ze zich rond honden moeten gedragen, want hoe gelijkmatig het temperament van de Labradoodle ook mag zijn, het is altijd mogelijk om een hond oneerlijk tot de grenzen van zijn tolerantie te duwen.

Voordat je je nieuwe hond mee naar huis neemt, moet je je kind of kinderen voldoende gelegenheid geven om in de buurt te zijn van goedaardige honden van vrienden. Leer ze hoe ze rustig vanaf de zijkant een hond moeten benaderen zodat de hond hen kan zien, en om de hond zachtjes in de nek te aaien om hallo te zeggen. Als de hond dit accepteert, kunnen ze vervolgens zachtjes over zijn rug en de bovenkant van zijn hoofd aaien en zachtjes tegen hem praten. Leer ze om een hond nooit te laten schrikken, aan zijn oren of staart te trekken, in zijn ogen te prikken, of erop te rijden als op een pony. En zorg ervoor dat je kind weet dat het nooit een hond moet aaien wanneer deze aan het eten is of slaapt. Oudere kinderen kunnen leren om de lichaamstaal van een hond te herkennen. Bijvoorbeeld, wanneer een hond zijn lippen optrekt, vertelt hij je dat je afstand moet houden, en geeft hij een waarschuwingssignaal dat hij kan bijten. En wanneer een hond stijf wordt, geniet hij ook niet van de aandacht. Maar een ontspannen hond met heldere ogen, een open mond en een kwispelende staart is in voor een spelletje – zolang het niet te ruw wordt!

Opgroeien met een hond in de buurt is de beste opvoeding die een kind kan krijgen in zorgzaamheid en respect. Je moet je kind zoveel mogelijk betrekken bij de dagelijkse behoeften van je hond, zoals voeren, uitlaten en bezoekjes aan de dierenarts. Op deze manier leert je kind waardevolle lessen die op school niet aan bod komen, terwijl je hond leert om respect te hebben voor het kind als hoger in rang, wat hem ontmoedigt om de hiërarchie te betwisten of het kind te domineren.

Foto met dank aan
Kelly Lindloff

Het Eerste Bezoek aan de Dierenarts

Je moet je puppy altijd binnen de eerste paar dagen na thuiskomst naar de dierenarts brengen. Het helpt je niet alleen om je dierenarts te leren kennen, maar ook om te controleren of de puppy gezond is. Als dat niet zo is, kun je hem mogelijk terugbrengen naar de fokker.

Een puppycontrole omvat meestal niet de eerste vaccinaties; als de fokker deze echter nog niet voor je heeft laten doen, wil je misschien de eerste injectie laten geven terwijl je daar bent. Vaccinaties worden uitgebreider behandeld in Hoofdstuk 13. Bij een puppycontrole zal je dierenarts eerst in de mond kijken. Hij zal zoeken naar afwijkingen zoals slecht doorgekomen melktanden, een onderbeet of overbeet, of een gespleten gehemelte. Vervolgens controleert hij de ogen op de vorm van de oogleden. Entropion (naar binnen draaiende oogleden) of ectropion (naar buiten draaiende oogleden) kunnen oogproblemen en pijnlijke ogen veroorzaken naarmate je hond opgroeit. Na de ogen zal hij het hart controleren op eventuele bijgeluiden, die kunnen wijzen op ontwikkelingsdefecten. Hij zal ook de darmen voelen, om te voelen of ze ontstoken zijn, aangezien puppy's op deze leeftijd vatbaar zijn voor het oppikken van parasieten. En tot slot zal hij controleren op een navelbreuk.

Na het bezoek aan de dierenarts kun je, als er problemen zijn, dit bespreken met de fokker. Sommige fokkers nemen de puppy zonder problemen terug, en sommigen zouden kunnen instemmen met een bijdrage aan een deel van de dierenartskosten.

Puppycursussen

"Labradoodles zijn heel gemakkelijk te trainen. Het zijn meestal de eigenaren die training nodig hebben, dus een puppycursus helpt de nieuwe eigenaar om te leren communiceren met hun nieuwe pup. De tijd die je er in het begin in steekt, betaalt zich echt uit."

Sheila Flores
Oregon Labradoodles

Puppycursussen worden soms gegeven door je lokale dierenartspraktijk, en als dat niet het geval is, kan je dierenarts je een betrouwbare cursus in de buurt aanbevelen. Het volgen van puppycursussen is een goed idee, omdat deze een uitstekend startpunt zijn voor het socialiseren van je puppy. Veel gedragsproblemen vinden hun oorsprong in slechte socialisatie.

Puppycursussen beginnen meestal met vrij spel, waarbij puppy's met elkaar kunnen omgaan. Voor de rustigere puppy's zal een goede begeleider de les zo indelen dat geschikte puppy's in kleine groepjes samen kunnen spelen, zodat puppy's vertrouwen kunnen opbouwen. Na een paar speelsessies kunnen enkele basiscommando's worden geïntroduceerd, zoals zit, blijf en lopen aan de lijn. Sommige puppycursussen laten de commando's echter over voor wanneer je puppy doorstroomt naar basale trainingscursussen.

Verlatingsangst

Verlatingsangst is een veelvoorkomende eigenschap van het Poedelras, terwijl de meer ontspannen Labrador Retriever er minder vaak last van heeft, hoewel beide rassen onvoorwaardelijk van hun mensen houden en dag en nacht bij hen willen zijn.

Als je een puppy mee naar huis neemt, is het zeer waarschijnlijk dat hij in de eerste weken aan verlatingsangst zal lijden, omdat hij niet gewend is om alleen te zijn. Hij heeft alleen maar het gezelschap van zijn nestgenoten gekend en is nooit ver van zijn fokker geweest. Jij bent nu de ouder op wie hij zijn afhankelijkheid heeft geprojecteerd, en je puppy kan gestrest raken als je de kamer verlaat of wilt dat hij 's nachts alleen beneden slaapt.

Wat de slaapregeling betreft, wordt benchtraining sterk aanbevolen. Je puppy zit dan niet alleen veilig wanneer jij er niet bent, maar hij zal zijn bench al snel zien als een veilig holletje waarin hij tot rust kan komen. Dit zal helpen met verlatingsangst 's nachts, vooral als hij 's avonds een goede wandeling of speelsessie heeft gehad en fysiek en mentaal moe is.

De bench is ook een pluspunt wanneer je weg moet en je hond alleen thuis moet laten, omdat je weet dat hij het huis niet vernielt en in een veilige ruimte is waar hij zich ontspannen voelt. Als je hond overstuur is wanneer je hem achterlaat, zul je de tijd die hij alleen is geleidelijk moeten opbouwen. Maak nooit een grote drukte als je weggaat, noch als je terugkomt, anders zal je hond denken dat er echt iets was om je zorgen over te maken. Zet hem rustig in zijn bench met een traktatie, en als je terugkomt, laat hem er dan zonder drukte uit, wacht tot hij rustig is, en beloon hem dan met wat aandacht en een koekje.

In de beginfase laat je je hond slechts een minuut alleen, maar bouw dit geleidelijk op. Laat je hond echter nooit langer dan 4 uur alleen zonder regelingen te treffen om hem uit te laten, als je zelf niet binnen deze tijd terug kunt komen.

Veel eigenaren vinden een hondencamera nuttig, omdat je het gedrag van je hond kunt observeren wanneer je niet in de kamer bent. Je zult misschien aangenaam verrast zijn om te zien dat het gejank snel stopt en je hond zich neervlijt voor een rustige slaap totdat hij je hoort terugkomen. Aan de andere kant, als je ziet dat je hond gestrest blijft, moet je misschien de dingen langzamer aanpakken en teruggaan naar het achterlaten voor slechts korte periodes.

Sommige eigenaren merken dat het aanlaten van de radio of televisie helpt bij verlatingsangst, omdat het de hond afleidt, hem het gevoel geeft dat er iemand is, en geluiden van buiten maskeert.

Naast het geleidelijk opbouwen van de tijd die je weg bent van je angstige hond, kan een hondenvriend ook helpen bij verlatingsangst. Labradoodles zijn sociaal en genieten meestal van het gezelschap van andere honden, dus een gemakkelijke vriend kan je Labradoodle een gevoel van veiligheid en een gedragsmodel geven. Hij zal zich minder alleen voelen wanneer jij er niet bent. Twee honden met verlatingsangst zullen echter geen goed gezelschap voor elkaar zijn, maar zullen elkaars angsten verergeren, dus kies zijn vriend zorgvuldig. Hoewel sommige mensen ervoor kiezen om twee puppy's tegelijk op te voeden, is dat niet altijd de makkelijkste route. Als je besluit om een tweede hond pas later te introduceren, doe dit dan op een zorgvuldige manier met aandacht voor je huidige hond. Zorg dat hij zich niet verdrongen voelt en geef hem ook momenten alleen met jou, los van de nieuwkomer. Op deze manier kunnen ze langzaam beginnen met het uitzoeken van hun posities in het huishouden, zonder extra stress toe te voegen.

Bij een hond die lijdt aan extreme verlatingsangst zal dit echter niet worden verlicht door de aanwezigheid van een andere hond, aangezien de hond gestrest is omdat hij gescheiden is van menselijk gezelschap. Als je een puppy hebt gekocht, is de kans kleiner dat je in deze situatie terechtkomt, omdat je vanaf het begin de leiding hebt over zijn training en socialisatie, om een rustige en zelfverzekerde hond te creëren. Als je echter een oudere Labradoodle uit een asiel hebt geadopteerd, zou je door de reddingsorganisatie op de hoogte moeten zijn gebracht als hij problemen heeft met verlatingsangst. Het is vaak de belangrijkste reden waarom een hond in de opvang terechtkomt, vooral als de vorige familie van de hond werkverplichtingen had en overdag niet aanwezig kon zijn. Daarom zal elke betrouwbare opvang graag verlatingsangst bij honden identificeren en ze alleen herplaatsen bij geschikte gezinnen die de nodige aandacht kunnen geven.

HOOFDSTUK 7
Persoonlijkheid

"Deze honden hebben een uitgesproken karakter en communiceren graag wat ze voelen. Ze laten je duidelijk weten of ze blij, bedroefd of ontevreden zijn, enzovoort. Het is heel belangrijk om niet te veel toe te geven aan deze honden, want ze leren snel hoe ze hun zin kunnen krijgen, zelfs bij negatief gedrag."

Jeana Bigelow
Blue Ridge Labradoodles

Hoewel Labradoodles in allerlei vormen, maten en kleuren komen, is er één ding dat relatief consistent zou moeten zijn: hun uitbundige persoonlijkheid! Dit is eigenlijk de grootste aantrekkingskracht van het ras, en betrouwbaarder dan de belofte van een niet-verharende hypoallergene vacht.

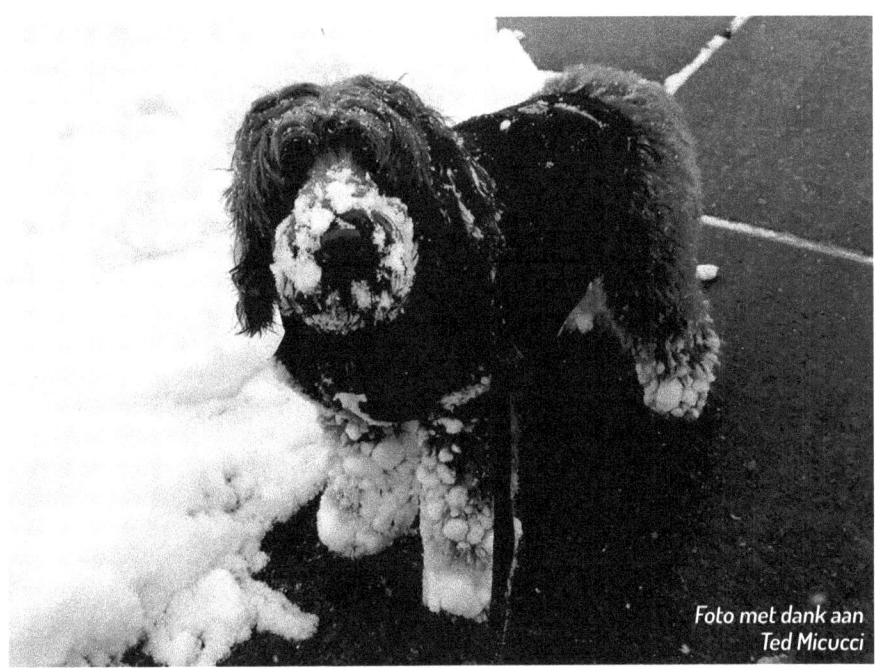

Foto met dank aan
Ted Micucci

Foto met dank aan
Lilla Mizser

Temperament

"Hun persoonlijkheden zijn wat de Labradoodle zo bijzonder maakt. Ze zijn speels en vrolijk, maar tegelijkertijd ontspannen en makkelijk in de omgang."

Jenny Walters
Blessings Labradoodles

Net als bij elke hybride kruising is de Labradoodle een product van de raskenmerken en temperamenten van de ouders. Door de grote variatie in Labradoodle-mixen wereldwijd – van directe kruisingen tussen Labrador en Poedel tot multigenerationele Labradoodles en de Australische Labradoodle waarin ook andere rassen zijn verwerkt – kun je een breed scala aan temperamenten verwachten. Toch streeft elke gerenommeerde fokker van Labradoodles naar hetzelfde doel: een intelligente, liefdevolle gezinshond.

Eerste generatie Labradoodles (F1), gefokt uit een Labrador Retriever en een Poedel, vertonen de grootste diversiteit in temperament, afhankelijk van de verhouding die ze van elk ras erven. De Labrador en de Poedel delen echter veel gemeenschappelijke kenmerken die doorgegeven worden, waaronder intelligentie, speelsheid, leerbaarheid, veel energie en een liefdevolle aard. Verschillen in temperament die in een nest kunnen opduiken, weerspiegelen mogelijk de natuurlijke terughoudendheid van de Poedel tegenover vreemden, zijn rustigere aard, koppigheid of gevoeligheid. Vroege socialisatie van de Labradoodle helpt bij het opbouwen van het zelfvertrouwen van je hond als hij niet het van nature sociale temperament van de Labrador Retriever heeft geërfd!

Het voordeel van een eerste-generatie kruising is dat beide rashonden bij de Raad van Beheer op Kynologisch Gebied in Nederland geregistreerd zouden moeten zijn en zeer zorgvuldig geselecteerd zijn op temperament, naast de gebruikelijke gezondheidscontroles. De ouders zouden dus goed gedocumenteerde karaktereigenschappen moeten hebben.

Multigenerationele Labradoodles hebben echter voorspelbaardere temperamenten, omdat beide ouders van hetzelfde ras zijn. De ouderdieren worden vrijwel altijd geselecteerd op hun uitstekende temperament. Tenzij er een ander ras in de mix is gebracht dat afwijkende eigenschappen introduceert, mag je er dus redelijkerwijs van uitgaan dat je multigenerationele Labradoodle-puppy een typische, vrolijke spring-in-'t-veld zal zijn. Er is

Foto met dank aan
Blair Brainard

echter geen vervanging voor het persoonlijk ontmoeten van je puppy en het maken van die connectie voordat je hem mee naar huis neemt.

Houd er rekening mee dat je Labradoodle meestal een uitbundige hond zal zijn, en als hij afstamt van een Grote Poedel in plaats van een Miniatuurpoedel, zal hij uitgroeien tot een grote hond. Je moet dus overwegen of jij en je gezin kunnen omgaan met een grote en levendige hond, en hem in een vroeg stadium goede manieren aanleren om te voorkomen dat zijn natuurlijke uitbundigheid anderen verwondt naarmate hij groeit. Het is waarschijnlijk geen goed idee om een volwassen Labradoodle zonder training in huis te halen als er zeer jonge kinderen of oudere mensen in het huishouden zijn.

Spelen en Speelgoed

"Nadat de pup al zijn puppyinentingen heeft gehad, kun je hem meenemen naar verschillende plekken voor socialisatie. Word lid van Facebookgroepen om andere mensen te ontmoeten die Labradoodles en Goldendoodles hebben. De meesten organiseren 'doodle-uitjes'. Het is leuk om andere doodles te ontmoeten, mogelijk ook enkele van je fokker. Bovendien kan je hond socialiseren met de honden van je vrienden."

Dixie Moore
Dixie's Doodles

De Labradoodle is van nature een zeer speelse hond en zorgt voor eindeloos vermaak en betrokkenheid voor het hele gezin. Spelen is ook een uitstekende manier om je hond extra beweging en mentale stimulatie te bieden, want dit ras heeft veel lichamelijke activiteit nodig en raakt snel verveeld. Labradoodles kunnen echter destructief zijn, vooral in de puppyfase tijdens het tandjes wisselen. Speelgoed dat je aan je hond geeft, moet daarom zo onverwoestbaar mogelijk zijn en dagelijks op beschadigingen worden gecontroleerd. Een starterspakket voor je Labradoodle kan een Nylabone® bevatten, een nylon botvorming kauwspeeltje dat niet splintert of breekt, en een Kong®, een holle rubberen kegel waarop kan worden gekauwd of die gevuld kan worden met traktaties voor je hond. Je kunt hiervoor een deel van het normale hondenvoer gebruiken of de Kong® vullen met een zachte traktatie zoals paté of pindakaas. Controleer wel het etiket

Foto met dank aan
Donna Hinde

om er zeker van te zijn dat de pindakaas die je gebruikt geen xylitol bevat, een kunstmatige zoetstof die giftig is voor honden.

Hertengeweien zijn ook uitstekende kauwartikelen voor Labradoodles omdat ze niet splinteren. Om deze reden zijn ze veiliger dan botten, en gekookte botten mogen al helemaal nooit worden gegeven. Je tandenwisselende puppy moet kauwen om ongemak te verlichten, en tenzij je hem geschikt speelgoed geeft, zal hij beginnen aan je pantoffels of meubels. Vermijd rawhide kauwartikelen, die meestal chemicaliën bevatten en verstoppingen kunnen veroorzaken als ze worden ingeslikt.

Je Labradoodle zal waarschijnlijk dol zijn op een bal! Er zijn echter enkele belangrijke punten om rekening mee te houden. Ten eerste mag je puppy niet op hoge snelheid apporteren, omdat zijn jonge botten en zich ontwikkelende gewrichten nog niet klaar zijn voor scherpe bochten en belasting. Zelfs volwassen honden hebben matiging nodig bij apporteerspelletjes, en balwerpers kunnen veel schade aanrichten als ze overmatig worden gebruikt. Ten tweede, kies je bal zorgvuldig. Tennisballen worden niet aanbevolen, omdat ze in tweeën kunnen breken en vast kunnen komen te zitten in de luchtwegen of maag van een hond. Ze hebben ook een vezellaag die niet verteerbaar is. Zelfs sommige massieve tennisachtige ballen die voor honden op de markt worden gebracht, hebben deze coating, die honden graag afkauwen als ze zonder toezicht worden gelaten. Een massieve rubberen bal is het beste. Je hond zal deze misschien graag in de tuin begraven, dus je kunt ervoor kiezen om hem een speciaal graafgebied toe te staan om te voorkomen dat je hele tuin in een maanlandschap verandert. Ook kan je volwassen Labradoodle plezier beleven aan het apporteren van een lekke voetbal, die hij in zijn bek kan vastgrijpen en te groot is om in te stikken.

Andere apporteerspeeltjes zijn onder andere een rubberen ring, een rubberen stok of een frisbee. Speeltjes die in water drijven, kunnen leuk zijn voor je watermagneet Labradoodle. Honden mogen nooit natuurlijke stokken apporteren of erop kauwen, omdat deze vaak in de keel vast komen te zitten en de zachte weefsels kunnen doorboren. Elke dierenarts kan getuigen van de gevaren van stokverwondingen.

Touwspeeltjes zijn populair bij hondeneigenaren, maar ze moeten dagelijks worden gecontroleerd op rafels en weggegooid worden als ze losse vezels hebben.

De meeste honden genieten van een spelletje touwtrekken met een touwspeeltje, rubberen ring of rubberen achtvormig speeltje. Sommige trainers raden echter voorzichtigheid aan bij deze spelletjes. De hond kan een gevoel van dominantie ontwikkelen als hij voortdurend mag winnen. Met name kinderen laten de hond misschien winnen omdat de hond sterker is, en honden domineren gemakkelijk kinderen in de familiehiërarchie. Dit is het overwegen waard als je tekenen van dominant gedrag bij je Labradoodle ziet.

Snuffelmatten zijn een nieuw soort speelgoed om het drukke brein van je Labradoodle bezig te houden. Dit zijn matten gemaakt van fleece stroken met een hoge pool, waarin je een deel van de brokken van je hond of kleine traktaties kunt verstoppen. Was ze regelmatig, aangezien de textielvezels bacteriën kunnen bevatten. Als je Labradoodle zijn voer naar binnen schrokt, kun je hem ook de uitdaging bieden van een anti-schrokbak, een plastic bord met gevormde uitsteeksels waar je hond met zijn tong omheen moet navigeren om zijn maaltijd eruit te halen.

Er zijn nog andere mogelijkheden voor je hond om zijn speelse aard te uiten die geen speelgoed omvatten. De meest voor de hand liggende is spelen met andere honden. Als je thuis geen speelkameraadje voor hem hebt, dan zijn puppycursussen een geweldige manier om te beginnen. Een goed gesocialiseerde Labradoodle zal daarna des te meer kunnen genieten van het losloopgebied. Laat je hond niet naar een andere hond toe gaan die aan de lijn zit, en let op defensieve lichaamstaal bij de andere hond, zoals stijfheid of het terugtrekken van de lippen. Onthoud de drie-seconden-regel. Wanneer je hond een andere hond begroet en ze elkaar beginnen te besnuffelen, is het tijd om weg te lopen als een van hen langer dan drie seconden een defensieve houding aanneemt – voordat er een confrontatie ontstaat. Intelligente, actieve honden zoals Labradoodles kunnen, zodra ze volgroeid zijn, ook plezier beleven aan behendigheid en flyball. Meer informatie over deze activiteiten vind je in Hoofdstuk 9.

HOOFDSTUK 8
Training

"Labradoodles zijn extreem slim en hebben al vroeg een goede basis van manieren nodig. Hun energie kan, als deze niet op een positieve manier wordt gekanaliseerd, leiden tot ongewenst gedrag. Vaak, vooral door de populariteit van de Labradoodle, heeft een nieuwe eigenaar een 'idee' van deze perfecte hond die vanzelf zo zal zijn. Dit is niet de realiteit. Ja, Labradoodles zijn geweldige honden met zeer gewenste eigenschappen; echter, goede honden worden gemaakt, niet zomaar geboren. Het kost werk, consequentie en veel geduld om van elke hond een gehoorzaam, goedgemanierd lid van je gezin te maken."

Jenny Williams
Happy Go Lucky Labradoodles

Labradoodles zijn gefokt om menselijke metgezellen te zijn, en van nature is er niets wat ze liever willen dan hun leven met jou delen. Om echter een gelukkig partnerschap te bereiken, zullen ze hun aangeboren intelligentie moeten toepassen om enkele regels te leren. Het goede nieuws is dat Labradoodles zeer trainbaar zijn met consistente en stevige beloningsgerichte training. Het principe hiervan is dat in plaats van negatief gedrag te bestraffen, je hond wordt aangemoedigd om gewenst gedrag te vertonen, waarna hij wordt beloond. Dit geeft hem een grote stimulans om jou te plezieren en versterkt jullie band.

Consequent en stevig zijn is vooral belangrijk bij je Labradoodle omdat hij, hoewel slim, door zijn Poedelgenen koppig kan zijn. Hij kan ook uitgroeien tot een grote, uitbundige hond, dus het is vooral belangrijk dat hij niet onhandelbaar wordt als hij ouder wordt.

Of je nu begint met een puppy of een asielhond opnieuw traint, lokale hondentrainingslessen worden sterk aanbevolen. Omdat trainingsmethoden consistent moeten zijn, zijn de tips in dit hoofdstuk slechts suggesties. Volg vooral wat je tijdens je lessen leert – tenzij die aanpak, na een eerlijke kans, toch niet blijkt te werken voor jou. De meeste lessen leren positieve bekrachtiging, met kleine beloningen in de vorm van snoepjes, en vaak ook een clicker. Clickers werken bijzonder goed bij Labradoodles, omdat ze een

Foto met dank aan Debbie Allsopp

duidelijk en consistent signaal geven dat hij heeft gedaan wat hem is gevraagd. Je krijgt misschien een clicker in je eerste les. Zo niet, dan kun je ze kopen in de dierenwinkel of online.

Als je nieuw bent in hondentraining en je je overweldigd voelt, hoef je je nooit slecht te voelen als je een professional inschakelt om je te helpen. In de meeste gevallen zal dit negatief gedrag in de kiem smoren. Ook is het geruststellend om ondersteuning te hebben bij het trainen van je hond, omdat het voor jullie beiden leuk moet zijn, in plaats van een stressvolle ervaring.

*Foto met dank aan
Betsy Glennon*

Soorten Training

Er zijn vier soorten training die een hondentrainer zou kunnen toepassen. Verschillende soorten training passen bij elke individuele hond, maar over het algemeen zal belonende, vriendelijke maar stevige training een liefdevolle band opbouwen, waarbij je hond je nog steeds respecteert als baasje.

Positieve Bekrachtiging

"Ze zijn heel gemakkelijk te trainen, maar geven de voorkeur aan positieve bekrachtiging en clickertraining. Ze houden ervan om te denken dat de training hun idee was, en niet afgedwongen wordt. Ze worden gemotiveerd door plezier, aandacht en soms een lekker snoepje."

Chad en Kristi Coopshaw
Riverbend Labradoodles

Positieve bekrachtiging is wanneer de actie van de hond leidt tot een beloning. Een voorbeeld is wanneer je hond zit, je hem een snoepje geeft. Dit is een populaire manier van trainen voor de meeste trainers. Zoals al genoemd, gebruiken sommige trainers een clicker als positieve beloning. Dit is wanneer je hond iets goeds doet, de clicker wordt geklikt, en dan wordt een snoepje gegeven. Al snel zal je hond de klik associëren met een beloning. Dit zorgt voor een onmiddellijke, niet-afleidende, consistente beloning die elke keer kan worden gegeven.

Positieve Straf

Positieve straf is wanneer de actie van de hond iets slechts laat gebeuren. Bijvoorbeeld, de hond wordt uitgescholden voor slecht gedrag. Het is niet gebruikelijk dat beloningsgerichte trainers positieve straf gebruiken.

Negatieve Bekrachtiging

Negatieve bekrachtiging is wanneer de actie van de hond ervoor zorgt dat iets slechts verdwijnt. Bijvoorbeeld: als een hond ligt terwijl de trainer wil dat hij opstaat, en die vervolgens druk uitoefent op de nek door aan de lijn te trekken. Wanneer de hond opstaat, wordt de lijn slap, waardoor de oncomfortabele druk verdwijnt.

Negatieve Straf

Negatieve straf is wanneer het gedrag van de hond ervoor zorgt dat iets goeds verdwijnt. Een klassiek voorbeeld is wanneer een hond opspringt, en de persoon draait zijn rug naar hem toe, waardoor hun aandacht verdwijnt.

Belang van Socialisatie

"Eén ding dat ik voorstel is om de nieuwe huisdieren buiten het huis te ontmoeten, zodat er geen sprake is van 'bezits'-agressie. Als je een nieuwe puppy in huis haalt, raad ik aan om een kauwstok over de nieuwe puppy te wrijven voordat je deze aan de aanwezige honden geeft. De hele tijd dat ze van hun traktatie genieten, ruiken ze de puppy en tegen de tijd dat ze klaar zijn, is de puppy hopelijk gewoon onderdeel van de familie."

Carolyn DeBar
Doodle Around

Je fokker zal het socialisatieproces al zijn begonnen voordat je je nieuwe puppy ophaalde, want hoe eerder een hond positieve ontmoetingen heeft met andere honden en mensen, hoe minder kans hij heeft om later reactief te zijn. Maar deze eerste weken zijn slechts het begin, en het belangrijkste deel van de training van je Labradoodle als je hem thuis krijgt, is om zijn socialisatie voort te zetten.

Puppycursussen zijn ideaal hiervoor, omdat ze je hond de kans geven om te mengen met andere pups in dezelfde levensfase, en puppy's hebben een eigen taal die je hond heeft gemist sinds hij werd gescheiden van zijn nestgenoten. Je puppy kan beginnen met lessen en omgaan met andere honden zodra hij zijn eerste vaccinaties heeft gehad. Puppycursussen gaan vaak na een paar weken over in trainingslessen, dus je Labradoodle kan afstuderen met zijn nieuwe vrienden en samen naar school gaan!

Als je een oudere hond hebt geadopteerd die nerveus of reactief is, kun je besluiten dat lessen te stressvol voor hem zijn, en moet je hem één-op-één socialiseren met andere honden. Dit gaat meestal het beste op neutraal terrein, door een rustige wandeling te maken met een vriend die een kalme en vriendelijke hond heeft. Van hieruit kun je zijn kring van vertrouwde viervoetige metgezellen opbouwen, en beginnen met ontmoetingen op zijn eigen terrein en op het terrein van zijn vrienden. Elke kleine stap zal je nerveuze hond geleidelijk socialiseren totdat hij zich comfortabeler voelt rond honden die hij voor het eerst ontmoet.

De ergste tegenslag die kan gebeuren tijdens het socialisatieproces is dat een ontmoeting verkeerd gaat. Het is jouw taak om de lichaamstaal van je hond en de hond die hij ontmoet te herkennen, aangezien er meestal tekenen zijn dat er een confrontatie gaat plaatsvinden. Dit begint met stijfheid en het terugtrekken van het tandvlees. En als de honden elkaar langer dan drie seconden aanstaren, is dit het moment om weg te lopen.

Door ervoor te zorgen dat je hond positieve ervaringen opdoet – ook al vraagt dat soms hyperwaakzaamheid van jouw kant – help je hem op te groeien tot een hond die geniet van het gezelschap van andere honden, bijna net zoveel als van dat van jou!

Foto met dank aan Katherine Horn

Basiscommando's

"Ze zijn een van de gemakkelijkste rassen om te trainen als je wordt gematcht met de juiste persoonlijkheid. Daarom is het zo belangrijk om een fokker te vinden die temperamenttests doet en je zal matchen met de perfecte hond voor jou. Als hun persoonlijkheid overeenkomt, is de training een fluitje van een cent omdat ze precies in je leven en levensstijl passen."

Robby Gilliam
Mountain View Labradoodles

Je hond basiscommando's leren is een geweldige manier om een band op te bouwen met je Labradoodle, en om hem veilig en onder controle te houden. Voordat je probeert een commando te leren, heb je de volledige aandacht van je Labradoodle nodig. Als hij een typische voedselgemotiveerde Labradoodle is, zal hij al erg gefocust zijn op de snoepjes in je zak. Als hij echter veel afleiding heeft, zoals andere puppy's in de les, kan hij zich erg verdeeld voelen. Het is belangrijk om de training voort te zetten in de rust van je eigen huis of tuin om je successen te consolideren.

Zit

Hurk of ga zitten, en plaats je hond tegenover je. Laat hem zich bewust zijn van het snoepje in je gesloten hand en zeg hem "Kijk naar me". Wanneer je zijn volledige aandacht hebt, geef hem het snoepje, of klik en beloon als je de clicker gebruikt. Dit is de eerste stap bij elk commando.

Nu je hond weet dat er snoepjes te verdienen zijn, is hij klaar om te leren. Het is belangrijk dat je in de vroege stadia geen commandowoord gebruikt voordat je hond weet wat het betekent. Je gebruikt het woord "Zit" alleen op het moment dat hij zit, zodat hij het woord associeert met de actie. Je moet een zit produceren zonder je hond in positie te dwingen.

Om dit te doen, met de aandacht van je hond op jou gericht, breng je je hand met het snoepje naar de neus van de hond, en til je het vervolgens op en over het hoofd van de hond. Als zijn hoofd het snoepje volgt, zullen zijn achterste delen instinctief zakken. Op dit moment gebruik je het woord "Zit". Zodra zijn achterwerk de vloer raakt, kun je hem een snoepje geven, of klikken en belonen.

Labradoodles, vooral puppy's, kunnen energiek en wiebelig zijn, dus als het proces om een zit te creëren lang lijkt te duren, kun je merken dat het plaatsen van een hand op zijn achterwerk, zonder te duwen, hem zal aanmoedigen in positie te komen. Verleng je trainingssessies niet langer dan zijn concentratiespanne, die erg kort kan zijn, en streef er altijd naar om op een positieve noot te eindigen.

Liggen

Zodra je Labradoodle de Zit heeft geleerd, samen met de belofte van een beloning, is hij klaar om 'Liggen' te leren. Sommige mensen gebruiken gewoon het woord 'Af' hiervoor, maar 'Af' mag niet gebruikt worden als je hond opspringt; dan moet je juist 'Eraf' zeggen. Met je hond in de Zit, blijf je tegenover hem staan, en breng je een snoepje naar zijn neus, en laat je het vervolgens naar de vloer zakken. Houd het in je hand terwijl de neus van je hond het volgt, en breng het dan over de vloer naar je toe. Op dit punt zal je hond zijn voorpoten over de vloer kruipen terwijl hij zijn schouders laat zakken. Dit creëert automatisch de Liggen-positie, dus als zijn ellebogen de vloer raken, kun je het woord "Liggen" gebruiken en hem het snoepje geven.

Vaak gebeurt het dat wanneer de hond zijn voorpoten laat zakken, zijn achterwerk weer omhoog gaat – en dat is niet wat je wilt. Als je Labradoodle dit doet, kun je een trucje gebruiken door het snoepje verder naar je toe te trekken, met je vrije arm over zijn rug als een limbostok. Door naar voren te schuiven, moet hij zijn achterste onder je arm door laten zakken.

Liggen is iets uitdagender dan Zit, dus wees geduldig; het is een zeer waardevol commando om te beheersen, en geeft je controle over je hond in situaties waarin hij een overlast zou kunnen zijn.

Blijf

Blijf is een potentieel levensreddend commando. Het overstijgt het instinct van je Labradoodle om je te volgen of zijn eigen ding te doen, en het vraagt een uitbundige, energieke hond om rustig op één plaats te blijven. Je kunt je hond een hoog niveau van gehoorzaamheid toekennen wanneer hij het commando Blijf beheerst.

Om te beginnen heb je misschien een helper nodig om je hond vast te houden terwijl je wegloopt, aangezien zijn instinct zal zijn om je te volgen totdat hij het commando begrijpt. Met je hond in de Zit- of Liggen-positie, en zijn aandacht volledig op jou gericht, draai je je uitgestrekte handpalm naar de hond en doe je een stap achteruit. Gebruik het woord "Blijf" terwijl je helper ervoor zorgt dat hij blijft, stap dan naar voren en beloon je hond.

Herhaal de oefening totdat je meerdere stappen achteruit zet. Wanneer je hond het idee lijkt te hebben begrepen en niet meer probeert je te volgen, kan je helper zijn halsband loslaten, maar nog steeds naast hem blijven. Van hieruit kan de helper loslaten, en je hond kan uit zichzelf in de Blijf blijven. Wanneer je hond echt betrouwbaar is in het blijven, kun je je rug naar hem toe draaien terwijl je wegloopt. Tenslotte kun je de Blijf buiten oefenen met alle extra afleidingen.

Sommige trainers leren graag het "Vrij"-commando in combinatie met de Blijf. Dit bevrijdt je hond van de Blijf op jouw voorwaarden. Als je dit doet, breng je het snoepje bij je terugkeer naar de neus van je hond en zwaai je het daarna weg. Geef het hem terwijl hij opstaat en je hand volgt, en zeg dan 'Vrij'. Laat je hond dan zijn poten strekken voor de volgende oefening.

Lopen aan de Lijn

Je Labradoodle leren hoe hij netjes aan de lijn moet lopen is vooral belangrijk als hij is gekruist met een Standaard Poedel, omdat hij zal uitgroeien tot een grote en sterke volwassen hond. Zelfs als hij is gefokt als een miniatuur, zal trekken aan de lijn hem geen goed doen, omdat het stress veroorzaakt aan zijn botten en spieren. Het kan ook letsel veroorzaken bij zijn begeleider. Dus lopen aan een losse lijn moet vanaf het begin worden aangeleerd.

Hoewel tuigjes een goed idee zijn omdat ze de druk van het gevoelige nekgebied wegnemen, wordt een hond meestal eerst geleerd om aan een korte lijn te lopen met een halsband. Zo voelt hij het verschil tussen spanning op de lijn en een losse lijn beter aan. Je moet nooit een slipketting gebruiken; deze kunnen ernstige schade veroorzaken.

In het begin kan je Labradoodle-puppy denken dat de lijn een speeltje is, en hij kan constant proberen erin te bijten. Je moet hem afleiden van de lijn, en zijn aandacht op jou richten.

Met de lijn in je rechterhand en snoepjes in je linker, positioneer je de hond aan je linkerkant, trek je zijn aandacht door hem het snoepje te laten zien, en zet je een paar stappen vooruit. In het begin kan je hond overal rondspringen – hij is tenslotte een Labradoodle! Maar dit zal hem geen beloning opleveren. Vroeg of laat zal je hond een paar passen naar het snoepje lopen. Vraag niet meer dan dat, maar beloon dit goede begin met een snoepje en lof. Nu weet hij wat je wilt. Trek opnieuw zijn aandacht en herhaal de oefening. Verhoog het aantal stappen voordat je het snoepje geeft. Als je hond vooruit rent, stop dan. Wacht tot hij tot rust komt, en ga dan weer verder.

Als je met deze training bent begonnen in een binnenruimte, zoals bij trainingslessen, kun je merken dat je puppy het idee lijkt te hebben, maar zodra je buiten komt, kan hij een wildebras zijn. Met de belofte van buitengeuren en een echte wandeling, zal je hond jou waarschijnlijk graag meeslepen naar waar hij heen wil. Het is echter belangrijk om te begrijpen dat dit trainen op jouw voorwaarden is, niet recreëren op die van je hond. Dus een uurlange wandeling in het bos zit er vandaag niet in. In feite zul je in het begin misschien niet veel terrein afleggen, omdat elke keer dat je hond aan de lijn trekt, je moet stoppen, en alleen verder gaat wanneer de lijn weer los is. Vergeet niet om je hond snoepjes te geven elke keer dat hij netjes loopt en vertel hem dat hij een brave jongen is.

Je zult je hond niet altijd snoepjes hoeven te geven als beloning voor het lopen aan een losse lijn, maar zelfs wanneer hij het gedrag heeft ingesleten, moet je hem nog steeds altijd prijzen voor netjes lopen. Dit zal een lange weg gaan in het opbouwen van zijn zelfvertrouwen en zijn verlangen om jou te plezieren.

Benchtraining

"Labradoodles kunnen een beetje koppig zijn bij benchtraining, aangezien hun doel in het leven is om bij hun familie te zijn!"

Carol Finch
Acme Creek Kennels

Benchtraining kan wat tijd en geduld kosten, maar als het succesvol wordt gedaan, kan het erg nuttig zijn in veel situaties. Benches kunnen worden gebruikt om in te slapen, in te reizen, toegang tot het huis te beperken, je hond wat rust te geven wanneer je bezoekers hebt, en om hem een veilige ruimte te bieden om naartoe te gaan als hij angstig is.

Zoals eerder besproken, maak niet de fout om een grote bench te kopen waar je hond in kan groeien, want als je hond genoeg ruimte heeft om in de ene hoek te slapen en de andere te bevuilen, zal benchtraining contraproductief zijn. Een kleinere bench, waar je hond nog steeds genoeg ruimte heeft om te staan, te draaien en te liggen, is eigenlijk comfortabel voor je hond, en voelt meer als een hol. Een bench is geen gevangenis, maar een plek waar je hond zich ontspannen en veilig kan voelen als hij er vanaf puppy aan gewend is. Het openhouden van de deur als je in de buurt bent, en het erin leggen van zachte beddengoed, speeltjes en snoepjes helpt bij de acceptatie.

De eerste stap is om je hond kennis te laten maken met de bench. Je moet de bench aanvankelijk ergens neerzetten waar je veel tijd doorbrengt. De deur moet stevig open worden vastgemaakt, zodat deze niet per ongeluk kan sluiten of tegen je hond kan slaan. Je moet je hond aanmoedigen om de bench te verkennen en naar binnen te gaan door enkele kleine snoepjes of zijn favoriete speeltje net binnen de deur te plaatsen. Hij kan er meteen ingaan, of het kan een paar dagen duren om zijn vertrouwen op te bouwen. Beide manieren zijn prima.

Nadat je hond vrolijk in en uit de bench gaat, is de volgende stap om hem erin te voeren. Dit geeft hem een positieve associatie met de bench. Na een paar keer kun je de deur sluiten terwijl hij de maaltijd eet, maar open deze onmiddellijk daarna. Met elke opeenvolgende maaltijd kun je de deur een paar minuten langer gesloten houden na de maaltijd, totdat hij er tot 10 minuten in is geweest. Als hij begint te jammeren, heb je de tijd waarschijnlijk te snel verhoogd, en daarom moet je hem de volgende keer niet zo lang alleen laten. Zodra hij tevreden is voor 10 minuten, kun je hem roepen en hem een commando geven om in zijn bench te gaan, zoals 'kennel', 'bench' of 'hok'. Wanneer hij in de bench gaat, geef hem lof en een snoepje, en sluit de deur. Zit een paar minuten rustig in de buurt, ga dan een paar minuten naar een andere kamer, kom dan terug en zit weer een paar minuten naast de bench voordat je hem eruit laat. Zodra je de tijd hebt verhoogd tot 30 minuten, kun je beginnen met het in de bench plaatsen wanneer je het huis verlaat. Je moet het moment waarop je vertrekt elke keer variëren, soms vlak voordat je vertrekt, andere keren vijf tot 15 minuten voordat je vertrekt. Hij zal waarschijnlijk opgewonden zijn om je te zien als je thuiskomt, maar beloon hem niet door zelf opgewonden te doen. Aankomsten moeten ingetogen zijn, anders versterkt het zijn angst bij je vertrek.

Je kunt de bench ook 's nachts gebruiken, beginnend vanaf een puppy. Sommige eigenaren plaatsen de bench in het begin liever in de buurt van waar ze 's nachts slapen. Wanneer hij rustig in de bench slaapt, kan deze worden verplaatst naar een locatie van jouw keuze.

Zindelijkheidstraining

"Consequentie. Geduld. Gelegenheid. Observatie. Deze zijn cruciaal voor het zindelijk maken van een puppy. Je moet bereid zijn om zeer oplettend te zijn en de signalen te leren die je puppy geeft wanneer hij moet plassen. Bied frequente plasmomentjes buiten aan en gebruik elke keer dezelfde locatie. Wees geduldig met het proces. Het kost tijd en kan een van de meest frustrerende details zijn van het opvoeden van een puppy."

Rochelle Woods
Spring Creek Labradoodles

Labradoodles zijn snelle leerlingen, dus het zindelijk maken van je puppy zou geen probleem moeten zijn. Als je een oudere hond hebt die in huis plast of poept, of als je hond na zindelijkheid toch weer binnen bevuilt, is het verstandig om je dierenarts te raadplegen. Er kan namelijk een onderliggend lichamelijk probleem aan ten grondslag liggen. Anders kan het een psychologische reactie zijn op een stressfactor in het leven van je hond, en je zult de oorzaak moeten vinden.

Honden worden geboren met een oerinstinct om het gebied waar ze slapen schoon te houden. Dit maakt benchtraining van je nieuwe puppy een uitstekend idee om te helpen bij het zindelijk maken, omdat je zult werken met zijn natuurlijke instincten om enige controle te hebben over zijn blaas en darmen, die fysiek zwak zijn als puppy.

Omdat je Labradoodle-puppy nog geen volledige controle heeft over zijn lichaamsfuncties, is het belangrijk om te beseffen dat hij overdag niet te lang in zijn bench mag blijven. Te lang opsluiten kan veel stress veroorzaken, omdat hij wil plassen maar instinctief terughoudend is om zijn slaapplaats te bevuilen. Telkens wanneer je je puppy uit zijn bench laat, zal hij klaar zijn om te plassen. Je kunt hiervan profiteren door hem direct mee naar buiten te nemen. Gebruik dan het commandowoord, "Plasje", "Pipi", of wat je ook kiest. Wanneer hij dan gaat, prijs en beloon hem omdat hij zo slim is!

Je moet het commando pas gebruiken wanneer je hond op het punt staat de actie uit te voeren die je verlangt. Op deze manier leert hij het woord alleen te associëren met de actie, en niet met snuffelen of rondrennen in de tuin.

Andere momenten waarop je de drang van je hond om te plassen kunt anticiperen, of je nu benchtraining doet of niet, zijn 's ochtends vroeg en na

Foto met dank aan Bobbie Couch

het eten. Dit zijn kansen om hem het commandowoord te leren in combinatie met de actie. Ook, vooral bij mannelijke honden, als je merkt dat hij snuffelt waar een ander dier is geweest, staat hij misschien op het punt om het met zijn eigen urine te bedekken, dus je kunt dit anticiperen en het commandowoord gebruiken net als hij zijn poot optilt.

Deze geurmarkering kan ook nuttig zijn bij het slapengaan, aangezien je hond misschien terughoudend is om zijn blaas volgens jouw tijdschema te legen, maar een wandeling rond het blok zal hem veel mogelijkheden geven!

Zodra je hond je commandowoord heeft geleerd, kun je hem op regelmatige tijdstippen mee naar buiten nemen, en voordat je weg moet of hem in zijn bench zet. Dan weet je dat hij comfortabel is.

Je moet je hond nooit berispen voor ongelukjes in huis. Meestal ben jij degene die fout zit omdat je je puppy niet vaak genoeg naar buiten hebt genomen. Als je hem daadwerkelijk op heterdaad betrapt, volstaat een stevige "Nee", gevolgd door hem snel naar buiten brengen, of hij nu klaar is of niet. Anders, als je gewoon een plasje op de vloer ontdekt, zal hij niet weten waarom hij wordt berispt, en kun je hem stressincontinent maken.

Je moet alle ongelukjes grondig reinigen met een enzymatische huisdierreiniger om ammoniak te neutraliseren. Dit voorkomt herhaalde bevuiling waar een hond wordt aangetrokken om de geur van ammoniak te bedekken. Pas op voor algemene huishoudelijke reinigingsmiddelen die dit ingrediënt bevatten. Een tapijtreiniger kan je beste vriend zijn als je geen harde vloeren hebt, en je door de stressvolle weken heen helpen wanneer je hond niet volledig zindelijk is. Dit zou niet lang moeten duren met een slimme Labradoodle!

"Zindelijkheidstraining is anders voor elke pup. Alleen omdat het nestgenootje van je pup in 2 dagen heeft geleerd hoe hij een bel moet luiden om naar buiten te gaan, moet je niet stressen als die van jou na een paar weken nog steeds een paar ongelukjes heeft. Ook verandering in dieet, omgeving en schema kan stress veroorzaken die zich kan uiten in extra jammeren en meer ongelukjes. Dit is normaal. Bereid je hierop voor met extra geduld en een goede vlekkenverwijderaar."

Jenny Williams
Happy Go Lucky Labradoodles

Terugroepen

De beste beweging die je Labradoodle kan krijgen, is een wandeling zonder lijn waar hij veel ruimte heeft om te rennen en veel geuren om te ontdekken. Om van dit voorrecht te genieten, heeft hij een goede terugroep nodig voor zijn eigen veiligheid.

Het is het beste om je Labradoodle te leren om op commando terug te komen zonder de constante focus van een bal of speeltje, aangezien je die niet altijd bij je zult hebben. Op die manier kan hij zijn hersenen gebruiken om te genieten van de prikkels om hem heen, en zijn lichaam in een gezonder tempo te bewegen. Als je het geluk hebt toegang te hebben tot een afgesloten veld, is dit ideaal voor terugroeptraining. Anders kun je beginnen in je achtertuin, of een lange trainingslijn gebruiken in een open ruimte.

Wanneer je begint met terugroeptraining, heb je een goede voorraad snoepjes nodig die je voor het gemak in een heuptasje kunt bewaren. Je moet de aandacht van je hond behouden te midden van alle concurrerende afleidingen om hem heen, dus het is belangrijk om veel vocale aanmoediging te gebruiken, en een gestage stroom van snoepjes om je hond aan te moedigen bij je te blijven.

Blijf de richting veranderen waarin je reist, om de focus van je hond aan te moedigen, en roep hem naar je toe als je draait. En als hij wegdrijft, roep hem dan terug met zijn naam en het commando "Kom". Overlaad hem met lof voor het terugkomen.

Als het ergste gebeurt, en je hond wegrent van je, is het verleidelijk om achter hem aan te rennen. Dit is een vergissing, omdat je hond denkt dat het een spelletje achtervolgen is, en het geeft hem de overhand. In plaats daarvan moet je je zenuwen in bedwang houden, daarom is een afgesloten veld of park aan te raden omdat je weet dat je hond niet echt kan ontsnappen. Blijf waar je bent of loop zelfs in de tegenovergestelde richting. Uiteindelijk zal je hond het opmerken en ongerust zijn over de ruimte tussen jullie. Op dit punt zal hij terugrennen, wat je hebt geanticipeerd, en roep je "Kom" om de boodschap over te brengen dat terugkeren jouw idee is, niet het zijne. Door terug te rennen, gehoorzaamt hij effectief, en kun je hem dienovereenkomstig prijzen en belonen! Berisp hem nooit omdat hij is weggerend, want op dit moment is hij teruggekeerd, en hij zal denken dat hij daarvoor wordt bestraft!

De meeste Labradoodles zullen goed reageren op terugroeptraining omdat ze een intelligent ras zijn dat van hun mensen houdt.

Ongewenst Gedrag

"Veel Labradoodles mogen helaas wegkomen met bepaald gedrag, dat op dat moment misschien klein (of schattig) lijkt, maar dit leidt uiteindelijk tot meer problematische kwesties. Aanrechtzeilen is er een die ik veel hoor. Deze is deels, denk ik, te wijten aan het voeren van menselijk voedsel. Ze denken dat het hun eten is dat daar ligt en ze hoeven alleen maar op het aanrecht te springen om het te pakken. Ze wisten niet dat die sappige T-bone steak niet hun naam erop had staan! Ten eerste, geen menselijk voedsel meer, en een strook ducttape, met de plakkerige kant naar boven, langs de rand van het aanrecht is soms genoeg om deze slechte gewoonte te ontmoedigen, vooral nadat het een paar keer aan hun poot is blijven plakken."

Jenny Williams
Happy Go Lucky Labradoodles

De beste manier om ongewenst gedrag te voorkomen is vroege socialisatie en training. In de meeste gevallen zal de fokker het proces al zijn begonnen voordat je je puppy mee naar huis neemt. Maar als je een volwassen hond adopteert met ingesleten gedrag, zul je meer uitdaging hebben om slechte gewoonten te doorbreken. Niettemin zijn er strategieën die je thuis kunt proberen voordat je een trainer inschakelt.

Blaffen

"Sommige gedragingen die moeilijker aan te pakken zijn, zijn speelbijten en overmatig blaffen. Niet alle puppy's vertonen deze eigenschappen, maar als ze dat doen, hoe eerder je het corrigeert, hoe beter. Een time-out in een kennel is een aanvaardbare manier om onnodig blaffen aan te pakken, maar er zit waarschijnlijk een reden achter. Daarom moeten er stappen worden ondernomen om een echte behoefte of de wens om aandacht te krijgen uit te sluiten. Bijten moet in eerste instantie worden vervangen door kauwspeeltjes."

Jeana Bigelow
Blue Ridge Labradoodles

Je Labradoodle kan meer blaffen dan de gemiddelde hond vanwege zijn Poedelgenen. Blaffen is geen slecht gedrag bij een hond, omdat het een natuurlijke uiting is van zijn eigen stem. Het kan zelfs een positief gedrag zijn, dat het huishouden waarschuwt voor de aanwezigheid van een indringer, of waarschuwt voor drugs of biologisch bewijs op een plaats delict. Voor de meeste eigenaren kan overmatig blaffen echter zeer vermoeiend zijn, en kan zelfs leiden tot klachten van de buren. Dus, je Labradoodle leren wanneer hij zijn blaf moet gebruiken is belangrijk.

Het belangrijkste om in gedachten te houden bij het trainen van je hond om niet ongepast te blaffen, is hem de betekenis van 'stil' te laten zien. Aan-

Foto met dank aan
Amy Miller

gezien het geluid van je stem effectief menselijk blaffen is voor je hond, zal tegen hem schreeuwen om te stoppen met blaffen wanneer hij op volle toeren draait, hem alleen maar meer aanmoedigen. Daarom is een kalme benadering van blaftraining vereist. Veel hondentrainers geloven in de waarde van clickertraining voor alle aangeleerde commando's, maar het is vooral nuttig voor blaffen. Dit komt door de scherpe focus die het naar de hersenen van je hond stuurt, met een duidelijk signaal dat hij het juiste heeft gedaan, en een beloning kan verwachten. Wanneer je hond actief blaft naar de postbode of de kat van de buren, verhef je stem niet en reageer zelfs niet, maar wacht op een betekenisvolle pauze in zijn geblaf, klik dan en beloon. Op deze manier beloon je het positieve gedrag. Verwacht geen onmiddellijke resultaten, maar houd deze routine vol bij elke gelegenheid totdat je Labradoodle beseft dat het gedrag dat je wilt 'Stil' is.

Andere trainers hanteren de benadering dat je hond, om het verschil tussen blaffen en stil te begrijpen, moet leren om op commando te blaffen. Dus als hem niet is opgedragen om te blaffen, moet hij stil blijven. Dit is het "Spreek"-commando, dat moet worden gegeven wanneer je hond doelbewust één keer blaft, terwijl hij oogcontact met je maakt, en beloond wordt met de clicker en een snoepje. Je kunt dan "Stil" leren door te klikken en te belonen wanneer hij zijn stem niet gebruikt, totdat hij het verschil kent. Het leren van "Spreek" is een iets riskantere methode van training tegen ongepast blaffen, omdat je hond kan blaffen voor een snoepje als je training minder dan honderd procent effectief is geweest.

Sommige eigenaren kunnen, uit wanhoop, hun toevlucht nemen tot extreme apparaten zoals anti-blafhalsbanden die een citronellaspray of milde elektrische schok afgeven wanneer een hond blaft. Deze methode wordt niet aanbevolen omdat het een nerveuze en verwarde hond creëert. Deze apparaten zijn nu zelfs in sommige landen illegaal. Andere methoden die minder wreed lijken – zoals het gebruik van een plantenspuit of een busje met samengeperste lucht – zijn nog steeds niet in overeenstemming met positieve, beloningsgerichte training. Die aanpak wordt algemeen beschouwd als de meest effectieve manier om je gezinshond op te voeden en een vertrouwensband op te bouwen.

Agressie

Agressie is geen eigenschap die wordt geassocieerd met de Labradoodle, dus als je hond er tekenen van vertoont, zal er een reden zijn.

Soms is een Labradoodle-puppy niet simpelweg een gelukkige mix van Labrador Retriever en Poedel, maar heeft hij de genetica van een ander ras of rassen in de mix. Dit is vooral het geval bij veel Australische Labradoodles. In deze gevallen kunnen de eigenschappen van de andere rassen wille-keurig naar voren komen in de puppy, zelfs verschillende generaties later. Labradoodles hebben soms Spaniel in de mix, en Spaniels kunnen vatbaar zijn voor woede-syndroom, dus dit kan een verklaring zijn voor een Labra-doodle die soms uitschakelt en bijt.

Andere keren kan een Labradoodle het product zijn van casual fokken, waarbij de ouders niet zorgvuldig zijn geselecteerd op hun onberispelijke temperamenten. Als je een puppy koopt en je huiswerk hebt gedaan, heb je hopelijk deze valkuil vermeden. Maar als je een hond hebt geadopteerd uit een asiel, kun je ontdekken dat hij genetische agressieproblemen heeft die hebben geleid tot zijn afstand. Als je de fokker kent, moet je hem altijd informeren dat hun hond agressief is, zodat ze naar hun fokprogramma kunnen kijken en kunnen stoppen met produceren uit lijnen waar deze nei-ging ontstaat.

Soms kan een Labradoodle geboren worden met een perfecte niet-agressieve aard, maar kan hij helaas wreedheid ervaren tijdens zijn vroege leven, waardoor een reactieve hond ontstaat die uit angst bijt. Hon-den zijn ongelooflijk vergevingsgezind, en Labradoodles voelen zich van na-ture sterk aangetrokken tot mensen. Zelfs een hond die agressief gedrag heeft aangeleerd, kan met gevoelige, positieve training en veel liefde weer veranderen. Dit zal geduld, tijd en begrip vergen, maar zal een band van ver-trouwen opbouwen terwijl je hond leert om te ontspannen en weer van het leven te genieten.

Het opnieuw trainen van een Labradoodle met agressieproblemen moet nooit worden geprobeerd in een huishouden met jonge kinderen. Dit is vooral voor hun eigen veiligheid, maar ook omdat één-op-één aandacht het beste werkt bij het opbouwen van vertrouwen. Als je Labradoodle-pup-py agressie vertoont, anders dan dat zijn normale toleranties te ver worden geduwd door een peuter, moet je hem terugbrengen naar de fokker. Geen enkele opvang zal een hond die geneigd is tot agressie herplaatsen waar er kinderen in het huishouden zijn. Als je jezelf in deze situatie bevindt, zal de oorspronkelijke opvang, of een andere, de hond op een meer passende ma-nier herplaatsen.

Gelukkig zul je in bijna alle gevallen geen agressie ervaren van je Labra-doodle, aangezien ze gefokt zijn om gezinshonden te zijn met een onwan-kelbare loyaliteit aan hun mensen. Als een van deze gedragskenmerken bij je hond naar voren komt, zal een hondentrainer je huisdier kunnen beoor-delen en je op het juiste pad kunnen zetten.

HOOFDSTUK 9
Beweging en Werk

"In een ideale situatie heeft een Labradoodle ongeveer 60 minuten beweging per dag nodig. Dit kan een wandeling of hardlooprondje zijn, apporteren, lopen op een loopband, of spelen in de achtertuin. De sleutel tot goede beweging is het stimuleren van hun geest terwijl ze hun lichaam trainen. Als je steeds dezelfde wandeling maakt of altijd de loopband gebruikt, zal de hond zich gaan vervelen en krijg je niet het volledige voordeel van de beweging. Maak het interessant. Neem verschillende paden, verken nieuwe gebieden, wees onvoorspelbaar in je richtingen zodat de hond altijd op je moet letten en aandacht moet geven. Uiteindelijk wil de hond ontdekken... wees avontuurlijk met ze!"

Robby Gilliam
Mountain View Labradoodles

Foto met dank aan
Brenda Patterson

89

Foto met dank aan
Zoe Wilson

Bewegingsbehoeften

"Sommige Labradoodles hebben meer beweging nodig dan andere. Over het algemeen moet je rekenen op minstens twee goede wandelingen per dag met je hond, en een of twee stevige speelsessies. Voor honden die meer energie moeten kwijtraken, kun je speelgoed en botten aanbieden die hen laten nadenken of waarbij ze moeten werken om een kleine beloning eruit te krijgen."

Rochelle Woods
Spring Creek Labradoodles

Misschien heb je een Labradoodle in je leven gebracht met het idee om samen lange wandelingen in de natuur te maken – en je hond zal je daar zeker dankbaar voor zijn, maar pas als hij volgroeid is!

De beste garantie voor een gezonde volwassen hond is juist gematigde en rustige beweging tijdens de puppyfase, wanneer zijn botten, pezen, ligamenten en gewrichten nog zacht zijn en zich ontwikkelen. Maar ongeacht zijn levensfase zijn twee wandelingen per dag ideaal.

Hoeveel beweging moet je je Labradoodle pup dus geven? Als algemene regel geldt: vijf minuten voor elke maand van zijn leeftijd, twee keer per dag. Je nieuwe aanwinst van twee maanden oud heeft dus slechts twee keer per dag een wandeling van 10 minuten nodig, maar omdat hij nog geen volledige immuniteit heeft, kan aan zijn bewegingsbehoeften worden voldaan in de tuin. Op drie maanden zal hij genieten van twee korte wandelingen van 15 minuten, en op zes maanden kan hij twee wandelingen van een half uur maken. Tegen de tijd dat je Labradoodle één jaar oud is en volwassen, zullen twee wandelingen van een uur hem lichamelijk fit houden en ook zijn actieve brein stimuleren.

Behendigheid en Flyball

Labradoodles houden ervan om hun verstand te gebruiken, uitdagingen aan te gaan en nieuwe dingen te proberen, dus ze zijn ideaal geschikt voor behendigheid en flyball.

Hoewel voor deelname aan officiële behendigheidswedstrijden een geregistreerde hond vereist is, worden Labradoodles in Nederland nog steeds geaccepteerd via het Activiteitenregister van de Raad van Beheer op Kynologisch Gebied in Nederland.

De website van de Raad van Beheer is nuttig om een behendigheids- of flyballcursus in jouw omgeving te vinden. De lokale Labradoodle rasvereniging of je dierenarts zou ook kunnen helpen. Of misschien ken je andere honden die aan deze activiteiten deelnemen en die hun club kunnen aanbevelen.

Je hond kan pas aan behendigheid of flyball deelnemen als hij 18 maanden oud is, maar cursussen accepteren honden zodra ze volgroeid zijn op 12 maanden. In het begin zullen de sprongen en hindernissen waarop je hond wordt getraind weinig impact hebben, om zijn gewrichten te beschermen. Naarmate hij vordert, zal hij officieel worden gemeten voor wedstrijden en in groottecategorieën worden ingedeeld. Behendigheid is een geweldige fitnesstraining voor zowel jou als je hond, en smeedt een sterke band.

Als je zelf mobiliteitsproblemen hebt, is flyball misschien beter geschikt voor jou, aangezien de hond zelfstandig de racebaan afgaat als onderdeel van een estafetteteam. Aan het einde activeert de hond een pedaal, waardoor een tennisbal vrijkomt die hij vangt en terugbrengt naar de basis! Je slimme Labradoodle zal dit snel oppikken en er veel plezier aan beleven.

Welke richting je training ook opgaat, effectief communiceren met je hond bereidt hem voor op een leven vol leuke mogelijkheden en zorgt tegelijkertijd voor zijn veiligheid. Het is de beste investering die je kunt

Foto met dank aan
Carrie Tropea

doen om je Labradoodle het beste leven te geven en de band tussen jullie te versterken.

Hulphonden

In de beginjaren van het ras waren Labradoodles meestal eenvoudige hybride kruisingen. De ontwikkeling van multigenerationele Labradoodles heeft echter geleid tot een ras dat betrouwbaarder hypoallergeen is, en daardoor zeer geschikt voor assistentie- en therapierollen in gezinnen met allergieën of astma. De niet-verharende vacht en geringe geur van de Labradoodle zijn een extra voordeel. Multigenerationele Labradoodles worden ook beschouwd als minder uitbundig dan directe Labrador-Poedel hybriden, wat een voordeel is bij hulphonden.

Foto met dank aan
Kelly Lindloff

Labradoodles zijn nu een populaire keuze als hulphond voor doven, waarbij ze hun baasjes attenderen op belangrijke geluiden zoals de deurbel, de telefoon of het brandalarm. Ze vervullen ook een belangrijke rol bij het geven van vertrouwen en gezelschap aan hun dove eigenaren.

Blindengeleidehonden en hulphonden voor doven worden meestal gefokt en getraind door professionals, en bij hun ontvanger geplaatst als ze volledig getraind zijn rond een jaar oud. Maar voor sommige andere therapierollen kan de Labradoodle pup opgroeien in het gezin. Een voorbeeld hiervan is als gezelschap voor een kind met autisme. De warme en vriendelijke aard van de Labradoodle heeft het ras populair gemaakt als emotioneel ankerpunt voor kinderen met autisme, en het samen zijn met een puppy vanaf jonge leeftijd helpt hun band te versterken. Veel deskundigen adviseren echter dat het beter is als een hond de eerste maanden wordt grootgebracht door een fokker of trainer, ten minste totdat de puppy zindelijk is en enige basistraining heeft gehad. De puppy moet goed gesocialiseerd zijn en van jongs af aan worden blootgesteld aan verschillende beelden, geluiden en ervaringen, om ervoor te zorgen dat de hond comfortabel en ontspannen is in zijn rol als hulphond.

Niet alle therapiehonden worden gefokt voor een specifieke rol. In veel gevallen herkennen Labradoodle-eigenaren kwaliteiten in hun hond die hen een uitstekende kandidaat maken om ouderen in verzorgingshuizen, kinderen in speciale scholen of chronisch zieken in hospices te bezoeken. Interactie met een vriendelijke hond kan mensen die somber zijn een positieve boost geven, waardoor hun geestelijk welzijn en lichamelijke gezondheid verbeteren. Als je een rustige Labradoodle hebt die geschikt lijkt voor deze rol, moet hij ouder zijn dan één jaar en getraind en gecertificeerd zijn bij een van de therapiehondenorganisaties in Nederland. De Stichting Hulphond Nederland is een uitstekend startpunt voor het vinden van een therapiehond of het aanmelden voor training. Ze hebben een uitgebreide lijst van erkende organisaties op hun website die specifiek werken met therapiehonden.

Jachthonden

"Labradoodles zijn fantastische speurders. Ze kunnen worden gebruikt voor de jacht, indien gewenst, en daarvoor worden getraind. Hun speurvermogen is verbazingwekkend!"

Robby Gilliam
Mountain View Labradoodles

Het kan voor sommigen als een verrassing komen dat Labradoodles succesvolle jachthonden kunnen zijn. Hoewel de helft van hun genen afkomstig is van de Labrador Retriever – 's werelds populairste jachthond – komt de andere helft van de Poedel, die vaak prachtig geknipt in de showring verschijnt. In werkelijkheid heeft de Poedel ook een lange geschiedenis als jachthond. In het Frans staat de Poedel bekend als de Caniche, of eendenhond, wat de natuurlijke jachtgrond van de Poedel in wetlands en waterwegen weerspiegelt. Veel jagers waarderen de Poedel zeer om zijn intelligentie, trainbaarheid en energie. Het ras is ook historisch gebruikt bij het produceren van jachtkruisingen, zoals de Pudelpointer, die het product is van een Duitse Staande Hond gekruist met een Standaard Poedel. Door de

Labrador Retriever te kruisen met de Poedel, is de bloedlijn van de Labradoodle als jachthond dus goed gevestigd.

Sommige fokkers hebben zelfs ontdekt dat de Labradoodle kwaliteiten heeft die een verbetering zijn ten opzichte van de traditionele Labrador. Labradors zijn bijvoorbeeld zeer vatbaar voor heupdysplasie, terwijl Labradoodles dat niet zijn. De vacht van de Labradoodle is ook een uitstekende isolator in koude, natte omstandigheden, hoewel deze, net als bij de werkende Poedel, kort geknipt moet worden om te voorkomen dat hij verstrikt raakt in doornstruiken tijdens het werk.

Hoewel sommige Labradoodles natuurlijke retrievers zijn en het soort zachte bek hebben dat nodig is om vogels onbeschadigd terug te brengen, komt het ras over het algemeen tot zijn recht bij het opjagen en drijven, vooral in moerasgebieden.

Foto met dank aan Donnie Padgett

De Labradoodle is echter een inconsistent ras, en niet alle honden zullen aanleg hebben voor de jacht. Veel Labradoodles kunnen schuw zijn voor geweerschoten. Het meenemen van een jonge hond naar kleiduivenschieten zal hem conditioneren voor het geluid van geweren, ter voorbereiding op jachthondentraining. Jachthondentraining kan waardevol zijn voor elke Labradoodle – ook als je niet van plan bent om met hem te jagen – omdat het uitstekende mentale en fysieke training biedt, vooral op het gebied van terugroepen en apporteren. Als je een Labradoodle wilt aanschaffen specifiek voor de jacht, moet je selectief zijn in zijn bloedlijnen. Je kunt je kansen op het uitkiezen van een jachtsuperster vergroten door de werkcapaciteiten van beide ouders te controleren. De meeste Labradoodles die als jachthonden worden gefokt, zijn een eerste-generatie kruising (F1). De moeder zal een Labrador zijn, en de slanke, jagende types hebben de voorkeur boven forse gedomesticeerde Labradors. Veel jagers geven er ook de voorkeur aan dat de Poedel-vader kleiner is dan de Standaard Poedel, omdat een kleinere Labradoodle een effectievere jachthond is.

Eigenaren die kiezen voor een Labradoodle als jachthond, doen dat omdat ze de kwaliteiten waarderen die het ras in het veld laat zien, én vanwege de gezondheidsvoordelen van een hybride kruising ten opzichte van een raszuivere hond. Het nadeel is echter dat Labradoodles niet kunnen deelnemen aan officiële veldproeven of jachthondenwerkproeven van de Raad van Beheer, omdat ze geen erkend ras zijn. Ze kunnen echter wel lid worden van het Activiteitenregister van de Raad van Beheer en deelnemen aan werkproeven, die open staan voor kruisingen.

Als het gaat om werkrollen, bieden de unieke kwaliteiten van Labradoodles veel mogelijkheden. Ze zijn slim, trainbaar, gretig om te behagen, vol energie en houden ervan om hun hersenen te gebruiken. Elke Labradoodle is echter uniek, dus het benutten van het potentieel van je hond hangt af van het inschatten van zijn talenten en het observeren van hoe hij reageert in verschillende situaties. Welke uitdagingen je ook aan je Labradoodle voorlegt, zijn energie en intelligentie zorgen ervoor dat hij ze met enthousiasme zal aangaan!

HOOFDSTUK 10
Reizen

"De meeste Labradoodles zijn geweldige reisgenoten! Het aanbieden van veel positieve autoritten, liftritten en roltrapritten zijn uitstekende keuzes om hun wereld te vergroten en te verrijken."

Joyce Tabor
Annabelle Doodles of New England

Als lid van je gezin zullen er waarschijnlijk veel gelegenheden zijn waarbij je Labradoodle met je mee moet reizen over afstanden die verder zijn dan zijn pootjes hem kunnen dragen. Dit kan naar de dierenarts zijn, op bezoek bij vrienden en familie, een wandeling maken buiten je eigen buurt, of op vakantie gaan. Sommige Labradoodles hebben misschien zelfs al per vliegtuig gereisd om bij je te komen als je je hond bij een fokker ver weg hebt gekocht. Reizen met je hond is een onderdeel van het leven in de 21e eeuw, dus in dit hoofdstuk kijken we naar manieren om het voor jou en je Labradoodle zo stressvrij mogelijk te maken.

Voorbereidingen voor het reizen

De meeste honden passen zich goed aan het reizen aan als ze er vanaf puppyleeftijd aan gewend zijn. Als je echter een hond hebt die de ervaring stressvol vindt, of als je niet vaak met je Labradoodle in een auto reist, moet je misschien wat tijd besteden om hem eraan te laten wennen zonder daadwerkelijk ergens heen te gaan. Laat je hond hiervoor in zijn eigen tempo de auto verkennen. Leg wat snoepjes in de auto die hij kan vinden en moedig hem aan met een kalme en positieve stem. Je moet dit mogelijk regelmatig herhalen vóór je geplande reis.

Of je nu maar een paar kilometer reist voor een wandeling in de natuur, of op vakantie gaat, je moet ervoor zorgen dat je hond een vorm van identificatie bij zich heeft voor het geval hij kwijtraakt. Een halsband en identiteitsplaatje zijn prima, maar een microchip is ideaal, omdat deze niet van je hond los kan raken. Zorg er wel voor dat je contactgegevens up-to-date zijn bij het bedrijf dat de microchip van je hond registreert, vooral je mobiele

Foto met dank aan
Susan DuBow

telefoonnummer. Als je op vakantie gaat, bevestigen sommige eigenaren graag een tijdelijk label aan de halsband van hun hond met hun vakantieadres, omdat dit soms kan helpen om de hond sneller terug te vinden.

Als je een lange afstand reist of langere tijd weg bent, moet je je hond mogelijk naar de dierenarts brengen voor een gezondheidscontrole voordat hij reist. Dit geeft je de gelegenheid om te vragen naar regio-specifieke ziekten die in jouw gebied misschien niet voorkomen. Warmere klimaten hebben bijvoorbeeld vaak meer teken, en nattere klimaten hebben misschien meer longworm. Het is ook de moeite waard om de dierenartsenpraktijken in het gebied dat je gaat bezoeken te onderzoeken, want je weet nooit wanneer je in een noodgeval naar een dierenarts moet. Programmeer de telefoonnummers van enkele lokale dierenartsen in je mobiele telefoon, voor het geval je geen internetsignaal hebt wanneer je het nodig hebt. Zorg er ook voor dat je het nummer van je vaste dierenarts in je telefoon hebt geprogrammeerd, aangezien de spoeddierenarts mogelijk de medische geschiedenis van je hond nodig heeft.

Reizen in een auto

"Labradoodles zijn extreem sociaal en willen bij hun familie zijn. Ze vinden het heerlijk om met je op pad te gaan en te doen wat jij doet. Ze zijn uitstekende reisgenoten, zolang je ze traint om goed in een auto te reizen en rustig aan de lijn te lopen."

Rochelle Woods
Spring Creek Labradoodles

In veel landen, zoals het Verenigd Koninkrijk, is het verboden om met je hond in de auto te reizen als hij niet vastgezet of opgesloten is. Het is sowieso gezond verstand dat je ervoor moet zorgen dat je hond niet rond kan springen in een rijdende auto, of uit de auto kan worden geslingerd als er een ongeluk gebeurt. Het kan ook je voertuig- en/of huisdierenverzekering ongeldig maken als je met een loslopende hond in de auto reist. Om veilig met je Labradoodle te reizen, moet je dus kiezen tussen een bench, een hondenrek of een reistuig.

Als je Labradoodle bench-getraind is, is dit een voordeel, omdat hij een bench al ziet als een veilige plek waarin hij tot rust kan komen en kan ontspannen. Dit betekent dat hij minder vatbaar is voor stress en reisziekte. Het betekent ook dat je weet dat hij veilig opgesloten zit en dat hij je auto niet vies maakt.

Je kunt de gewone bench van je hond gebruiken voor in de auto, maar veel eigenaren die vaak met hun Labradoodle reizen, vinden een aparte autobench handiger. Afhankelijk van het type voertuig kan het zijn dat een bench met een schuine voorkant beter in de kofferbak past dan een vierkante bench. Of je kunt zelfs een bench op maat laten maken voor je auto.

Foto met dank aan
Blair Brainard

Je kunt een bed, dekens of handdoeken in de bench leggen voor het comfort van je hond.

Als je geen bench wilt gebruiken, kun je ervoor kiezen om een hondenrek te plaatsen tussen je achterbank en de kofferbak van de auto. Veel hondenrekken zijn verstelbaar en passen in de meeste voertuigen, of je kunt er een kopen die speciaal voor jouw auto is gemaakt. Het voordeel van een op maat gemaakte is dat de hond geen gaten heeft om zijn kin op te laten rusten terwijl hij kwijlt over de achterbank! Een op maat gemaakte kofferbakbekleding is ook een goed idee als je je voertuig in goede staat wilt houden.

Foto met dank aan
Melissa Rodriguez

Een andere optie voor het reizen met je Labradoodle in de auto is een hondentuig. Deze passen veilig rond de borst van de hond en worden aan de veiligheidsgordel bevestigd. Ook al protesteert je hond in het begin tegen de beperking, hij zal snel aan het idee wennen en zich op de achterbank nestelen. Je wilt echter misschien je stoel bedekken, vooral als je je Labradoodle meeneemt voor een modderige wandeling.

Reisziekte leidt niet altijd tot overgeven, maar als je hond overmatig kwijlt in de auto of met zijn lippen smakt, kan dit een teken zijn dat hij misselijkheid ervaart. Als je hond reisziek wordt, laat hem dan altijd reizen op een lege maag. Je dierenarts kan ook reisziektemedicatie voorschrijven, die je een half uur voor vertrek moet geven.

Denk bovenal aan het comfort van je hond als je reist. Dit omvat beddengoed, toegang tot water en regelmatige mogelijkheden om zijn behoefte te doen. Veel honden kunnen niet omgaan met voedsel tijdens een reis, dus dit heeft geen prioriteit. Als je reis echter erg lang is, heeft je hond tijd nodig om ten minste elke 12 uur een kleine maaltijd te eten en te verteren. Houd ook rekening met de temperaturen als je voertuig niet voorzien is van airconditioning, en kies idealiter het meest comfortabele tijdstip van de dag om te reizen, afhankelijk van je klimaat.

Vergeet tot slot nooit dat honden heel snel kunnen sterven als ze in een hete auto worden achtergelaten met gesloten ramen, omdat de temperatuur binnenin veel sneller kan stijgen dan je denkt. Als je de auto moet verlaten, neem je hond dan bij voorkeur mee. Moet je hem toch even achterlaten, zorg er dan voor dat je in de schaduw parkeert en dat er voldoende frisse lucht bij hem kan komen.

Reizen per vliegtuig

Het is nooit ideaal om een hond per vliegtuig te laten reizen, maar soms moet het wel, bijvoorbeeld als je gaat verhuizen. Ook bij een ras als de Labradoodle verschepen sommige fokkers hun puppy's naar hun nieuwe thuis in het buitenland.

Er is veel om over na te denken als je je hond per vliegtuig laat reizen.

In sommige gevallen kunnen kleine honden in de cabine reizen, zolang hun bench onder de stoel past. De meeste volwassen Labradoodles zijn echter te groot voor deze regeling, dus zij zullen als vracht moeten reizen, met uitzondering van hulphonden, die met hun eigenaren kunnen reizen.

Of hij nu in de cabine of als vracht reist, je hond heeft een voor vluchten goedgekeurde bench nodig, groot genoeg voor hem om in te staan en zich in te bewegen. Je moet de maximale afmetingen bij je luchtvaartmaatschappij controleren. De bench moet een bordje hebben met "Levend dier" en een label met je naam, adres, mobiele telefoonnummer en contactgegevens van je bestemming. Er moet ook een foto van je hond aan worden bevestigd om verwarring te voorkomen, en je hond moet ook een identiteitsplaatje dragen met dezelfde informatie. Vergrendel de bench niet, aangezien het luchthavenpersoneel deze mogelijk moet openen. Het is gebruikelijk dat een hond op een lege maag reist, maar je moet een klein zakje voer aan de bench bevestigen voor het geval er lange vertragingen zijn, zodat het luchtvaartpersoneel hem indien nodig kan voeren.

Veel eigenaren voelen zich een stuk zekerder als ze een gespecialiseerde huisdierenvervoersdienst gebruiken om alle regelingen voor de vlucht te treffen. Meestal houdt dit in dat jij en je hond op dezelfde vlucht worden geboekt. Meestal levert de dienst ook een bench. Als je niet vaak met je hond vliegt, kan het inhuren van een professionele dienst je geld besparen en je gemoedsrust geven.

Als je je eigen regelingen treft, moet je eerst je vlucht grondig onderzoeken, waarbij je indien mogelijk vliegtuigoverstappen en drukke vakantieperiodes vermijdt. In warme klimaten moet je proberen te vliegen tijdens het koelere deel van de dag, en in koude klimaten, mik op het midden van de dag. Je boekt je vlucht het beste telefonisch bij de luchtvaartmaatschappij, zodat je zeker weet dat je hond mee kan op de vlucht die je in gedachten hebt en dat jullie samen kunnen reizen. Als je internationaal reist en een dierenpaspoort nodig hebt, begin dan op tijd met de voorbereidingen. Sommige vaccinaties, zoals tegen rabiës, hebben namelijk tijd nodig om effectief te worden en moeten soms met een bloedtest worden bevestigd. Zodra je geboekt hebt , moet je een afspraak maken met je dierenarts voor een gezondheidscontrole ten minste 30 dagen voor je vlucht. Je dierenarts zal een certificaat afgeven waarin staat dat je hond fit is om te vliegen en up-to-date is met zijn vaccinaties. Als je een retourreis maakt die buiten de geldigheidsperiode van 30 dagen van het gezondheidscertificaat valt, moet je terwijl je weg bent een nieuwe afspraak maken om een nieuw certificaat te verkrijgen. Kalmeringsmiddelen worden meestal niet aanbevolen voor honden die per vliegtuig reizen, omdat ze het risico op hart- of ademhalingsproblemen veroorzaakt door atmosferische druk kunnen vergroten. Ze kunnen ook een verlies van evenwicht veroorzaken, waardoor je hond zich onwel voelt.

*Foto met dank aan
Courtney Nadeau*

Voordat je reist, is het belangrijk om de voorspelde temperaturen in die tijd van het jaar te onderzoeken. Als het onder de 7 graden Celsius of boven de 29 graden Celsius is tijdens vertrek, aankomst en verbindingen, mag je hond voor zijn eigen veiligheid mogelijk niet reizen. Dit is tenzij je een brief van je dierenarts kunt overleggen waarin wordt bevestigd dat je hond regelmatig aan deze temperaturen wordt blootgesteld en er daarom aan gewend is.

Vakantieverblijf

De meeste Labradoodles zullen het heerlijk vinden om met je mee op vakantie te gaan, simpelweg omdat ze altijd bij je willen zijn, maar vooral als je bestemming het verkennen van het platteland of zwemmen in de zee omvat. En voor veel gezinnen is een vakantie gewoon niet hetzelfde zonder de uitbundige deelname van hun hond!

Het eerste wat veel eigenaren doen bij het boeken van hun vakantie is dus zoeken naar accommodaties die honden accepteren. Het is belangrijk om na te gaan of een hond van het formaat van een Labradoodle welkom is in het hotel of vakantiehuisje van je keuze, aangezien sommige accommodaties alleen kleine honden toelaten. Wanneer je op je bestemming aankomt, controleer dan de informatiemap voor gasten voor de huisregels. Het is waarschijnlijk dat je hond niet op het meubilair of het bed mag. Hij mag mogelijk ook niet naar boven als de accommodatie meer dan één verdieping heeft. Het is belangrijk om de regels te respecteren, aangezien je hond te gast is in iemand anders' eigendom dat ook door veel andere mensen zal worden gebruikt. Je moet je hond niet alleen achterlaten in een vakantiewoning, omdat hij in een onbekende omgeving onrustiger kan zijn, en kan blaffen of destructief gedrag vertonen. Als je echt georganiseerd bent, kun je een lokale hondenoppas voor je vakantiegebied opzoeken, voor het geval je uit eten wilt gaan of een uitstapje wilt maken waar honden niet zijn toegestaan.

Zorg er altijd voor dat je het pand in dezelfde staat achterlaat als waarin je het hebt aangetroffen. De weinig verharende vacht van de Labradoodle is in je voordeel, aangezien je een hotel of huurwoning zou moeten kunnen verlaten zonder enig spoor van je hond!

Foto met dank aan
Allison Moore

Je hond thuis achterlaten

Als je voor je vakantie naar het buitenland reist, zul je er waarschijnlijk voor kiezen om je Labradoodle thuis te laten, in welk geval er verschillende opties voor je open staan.

Veel eigenaren hebben het geluk een vertrouwde vriend of familielid te hebben die bereid is om voor hun hond te zorgen, hetzij bij hen thuis, hetzij bij jou thuis. Als je hond bij een vriend logeert, zorg er dan voor dat hun tuin volledig omheind en veilig is. Laat ook het bed of de bench van je hond achter, samen met zijn lijn, speelgoed, voerbakken en voldoende van zijn gebruikelijke voer voor de periode dat je weg bent. Je kunt het voer in porties in zakjes verdelen om het gemakkelijker te maken. Schriftelijke instructies zijn ook nuttig, vooral als je hond medicijnen gebruikt, en je moet contactgegevens van waar je verblijft toevoegen, evenals gegevens van je lokale dierenarts.

Als je vriend zelf een hond heeft, zorg er dan voor dat de honden elkaar kennen voordat die van jou op bezoek komt. Neem ze mee voor wandelingen op neutraal terrein, zodat de hond die er woont zich niet defensief voelt tegenover jouw hond wanneer hij verplicht is zijn huis en zijn mensen te delen. Deze regeling werkt vaak goed voor hondeneigenaren, omdat de gunst wederzijds kan zijn.

Als je geen vriend of familielid hebt die voor je hond kan zorgen, kun je besluiten om de diensten van een professional te gebruiken. Ook dit kan bij hen thuis of bij jou thuis zijn. Als je hond in het huis van de oppas verblijft, is het waarschijnlijk goed ingericht voor honden. Er kunnen echter tegelijkertijd andere honden aanwezig zijn, dus je hond moet sociaal zijn (meestal geen probleem voor Labradoodles) en up-to-date zijn met zijn vaccinaties. Als de oppas in jouw huis verblijft, kan dit duurder zijn, maar je hond zal zich op zijn gemak voelen in zijn vertrouwde omgeving, en er wordt ook voor je huis gezorgd terwijl je weg bent.

Tot slot kun je ervoor kiezen om je Labradoodle in een pension te boeken. Als je nog nooit eerder een pension hebt gebruikt, is het de moeite waard om hondenbezittende vrienden om aanbevelingen te vragen. Je zult meer van je vakantie genieten als je weet dat de honden van andere vrienden een goede ervaring hebben gehad in het pension van jouw keuze.

Het personeel in hondenpensions zijn professionals met veel ervaring in hondenverzorging en het behandelen van kwalen. Je hond zal waarschijnlijk verblijven in een kennel die is verdeeld in twee delen, een beschutte slaapruimte en een buitenren. Hij zal een of twee keer per dag worden uitgelaten voor een wandeling, en waarschijnlijk in een gemeenschappelijke ruimte mogen spelen. Als je een pension kiest voor je hond, moet hij een up-to-date vaccinatieregistratie hebben, inclusief kennelhoest.

Labradoodles zijn over het algemeen gemakkelijke honden die zich goed aanpassen aan welke regeling je ook voor ze treft. Ze zijn echter zeer individueel, dus alleen jij weet wat het beste is voor je hond. Of je nu een paar kilometer rijdt naar de dierenarts of het park, je hond meeneemt op een lange autoreis of vlucht, samen op vakantie gaat, of regelingen treft zodat hij thuisblijft – een beetje vooruit plannen maakt dit onderdeel van het hondenbezit voor jullie allebei een stuk makkelijker!

HOOFDSTUK 11
Voeding

Het Belang van Voeding

Voeding is van vitaal belang om je Labradoodle in topconditie te houden. Hoewel je Labradoodle waarschijnlijk alles zal eten, ben jij verantwoordelijk om ervoor te zorgen dat hij alleen toegang heeft tot goede voeding. Voeding houdt nauw verband met de gezondheid van de huid, vacht, ogen, hersenen, zenuwen, immuunsysteem, darmen, nieren en hart, dus het is de moeite waard om er aandacht aan te besteden! In dit hoofdstuk bekijken we welke soorten voeding er op de markt beschikbaar zijn en wat het beste is voor je Labradoodle.

*Foto met dank aan
Chrystal Sanchez*

Soorten Voeding

Je zult de schappen in de supermarkt of dierenwinkel in het begin waarschijnlijk nogal overweldigend vinden. Er zijn veel verschillende soorten voeding, van nat tot droog, verschillende smaken, verschillende fabrikanten en uiteenlopende prijzen. Dus hoe weet je welke je moet kiezen?

Als goed uitgangspunt is het bij een pup het beste om hem de eerste weken het voer te blijven geven dat de fokker hem heeft gegeven. Dit komt doordat de maag van een pup gevoelig kan zijn voor stress, en om de overgang naar een nieuw huis zo soepel mogelijk te laten verlopen, is het voortzetten van het dieet waaraan hij gewend is het beste. Na een paar weken met het oude voer kun je hem geleidelijk laten wennen aan het voer van jouw keuze.

Dus, wanneer je naar de dierenwinkel gaat, is de eerste keuze of je je pup wilt laten beginnen met nat of droog voer. Beide hebben hun voor- en nadelen, en veel eigenaren kiezen ervoor om een combinatie van beide te geven. Nat voer is veel smakelijker dan droog voer, en honden met een kieskeurige eetlust geven er misschien de voorkeur aan. Dit zal echter waarschijnlijk geen probleem zijn als je Labradoodle de eetlust van een Labrador heeft geërfd! Nat voer heeft ook meestal een hoger eiwitgehalte dan droog voer, wat natuurlijker is voor een hond. Droog voer daarentegen heeft meestal een hoger koolhydraatgehalte, wat niet zo dicht bij het dieet van de voorouders van je hond ligt, hoewel veel honden het er nog steeds goed op doen. Het positieve aan droog voer is dat brokken helpen bij het schoonhouden van het gebit van een hond en tandaandoeningen op latere leeftijd kunnen voorkomen.

Andere soorten voer waar je op moet letten zijn levensfase- en rasgrootte-specifiek voer. Alle opgroeiende pups moeten puppy-voeding krijgen. Dit bevat veel meer eiwitten, calcium en fosfor voor die groeiende spieren en botten. Oudere honden moeten seniorenvoeding krijgen. Seniorenrecepten bevatten minder calorieën voor een meer sedentaire levensstijl, evenals meer omega-oliën om de gewrichten en het hart gezond te houden. Er zijn ook soorten voer voor verschillende formaten honden. Als je een mini Labradoodle hebt gekocht, kan hij baat hebben bij hondenvoer voor kleine rassen. Als je Labradoodle uitgroeit tot meer dan 27 kg, zal hij het beste af zijn met hondenvoer voor grote rassen. Naast de grootte van de brokken hebben deze verschillende soorten voer, gerelateerd aan de grootte van het ras, iets andere samenstellingen van mineralen, vitaminen, eiwitten en koolhydraten om rekening te houden met de groei- en stofwisselingsverschillen tussen de formaten.

Foto met dank aan
Delaney Price

Hoe Kies Je Goed Voer

Nu we de verschillende soorten voeding hebben besproken en je hebt bepaald welk soort voer je wilt, zul je waarschijnlijk nog steeds met verschillende merken worden geconfronteerd die allemaal aan je criteria voldoen. Er zijn verschillende manieren om de kwaliteit van het hondenvoer te beoordelen door simpelweg naar het etiket te kijken, waaronder het bekijken van informatie over de ingrediënten en de gegarandeerde analyse.

Ingrediënten

Alle hondenvoeders moeten een uitgebreide ingrediëntenlijst op de verpakking hebben. De ingrediënten worden vermeld in volgorde van gewicht, wat betekent dat het eerste ingrediënt op de lijst het grootste aandeel in het recept heeft. Dit kan soms een beetje verwarrend zijn, aangezien lam bijvoorbeeld veel water bevat, dus hoewel het misschien het zwaarste ingrediënt is, is het mogelijk niet de belangrijkste eiwitbron in het dieet. Ook bevat gedehydreerd vlees, bekend als 'meel', zoals kippenmeel, 300 procent meer eiwit dan hetzelfde gewicht in gehydrateerde vorm.

Bij het bekijken van de ingrediëntenlijst wil je een voer vinden dat een dierlijke eiwitbron als hoofdingrediënt heeft. Dit is het meest natuurlijke voedsel voor een hond. Andere ingrediënten in het recept moeten koolhydraten en groenten zijn, met minimale chemische toevoegingen. Groenten zijn in het bijzonder uitstekende bronnen van vitaminen A, B en C, evenals magnesium, kalium en ijzer. In combinatie helpt dit de ogen en hersenen gezond te houden, het hart in een regelmatig ritme te laten kloppen, het immuunsysteem te versterken, de productie van rode bloedcellen te verbeteren en de zenuwgeleiding te ondersteunen.

Sommige mensen kiezen ervoor om hun honden geen voer met granen te geven. Er zijn enkele vroege aanwijzingen dat granen kunnen bijdragen aan huidallergieën en hartaandoeningen, maar het wetenschappelijk bewijs hiervoor ontbreekt momenteel nog, en de realiteit is dat de meeste honden granen heel goed verdragen. Als je hond granen goed verdraagt, kunnen ze een uitstekende bron van voedingsvezels zijn die de stoelgang van je hond regelmatig houden.

Ten slotte is er één ingrediënt in het bijzonder waarvan je wilt zorgen dat je Labradoodle het binnenkrijgt, namelijk een ingrediënt dat rijk is aan omega-oliën. Omega-oliën staan misschien niet direct op de ingrediëntenlijst, maar ze zijn te vinden in olierijke ingrediënten zoals vis en zaden. Omega-oliën zijn om twee redenen bijzonder belangrijk voor Labradoodles; ten eerste helpen ze hun vacht gezond en glanzend te houden, en ten tweede helpen ze de gezondheid van de gewrichten te verbeteren, wat een rasgebonden probleem kan zijn bij Labradoodles.

Gegarandeerde Analyse

Volgens de richtlijnen van de Raad van Beheer moeten alle etiketten van diervoeding een gegarandeerde analyse bevatten. Dit is een uitsplitsing van de bestanddelen van het voer: koolhydraten, eiwitten, vezels, as, vocht en vetten. Dit is alleen nuttig in combinatie met het bekijken van de ingrediënten; het kan echter een waardevol inzicht geven in hoe voedzaam het voer is. Deze details zijn per gram kant-en-klaar voer, en daarom kunnen twee diëten niet direct worden vergeleken zonder eerst enkele berekeningen te maken.

Als bijvoorbeeld nat voer voor 75 procent uit vocht bestaat, betekent dit dat het droge gehalte 25 procent is. Stel dat het eiwitgehalte 5 procent is. Om dit om te rekenen naar droge stof, deel je door het percentage droge stof: $5 \div 0{,}25 = 20$ procent eiwit op basis van droge stof. Ter vergelijking: een droogvoer met 10 procent vocht (dus 90 procent droge stof) en 20 procent eiwit levert de volgende berekening op: $20 \div 0{,}9 = 22{,}2$ procent eiwit op basis van droge stof.

BARF En Zelfgemaakte Diëten

Rauw voeren zelfgemaakte gekookte diëten, worden steeds populairder, ondanks dat ze controversieel zijn. Veel mensen die hun honden rauw voer geven, zijn overtuigd van de voordelen en zullen hun keuze sterk verdedigen. Veel mensen zeggen dat de gezondheid van hun hond is verbeterd – van vacht en huid tot tanden, energie en gedrag. Ervaringen uit eerste hand, ondersteund met voor- en nafoto's van de dieetverandering, kunnen daarbij erg overtuigend zijn. Desalniettemin bevinden de voordelen van het dieet zich nog steeds in de anekdotische fase, dus als je het overweegt voor je Labradoodle, zorg er dan voor dat je vooraf grondig onderzoek doet en eerst een veterinaire voedingsdeskundige raadpleegt.

Rauwe voedingsdiëten kwamen voor het eerst op het toneel in 1993, toen een dierenarts genaamd Ian Billinghurst uit Australië suggereerde dat het het beste zou zijn om een dieet te voeren dat dichter bij het natuurlijke voedsel ligt dat een hond in het wild zou eten. Het type dieet werd 'BARF' genoemd, wat stond voor 'Bones and Raw Food' (Botten en Rauw Voedsel) of 'Biologically Appropriate Raw Food' (Biologisch Geschikt Rauw Voedsel). BARF-diëten bestaan meestal uit ongekookt vlees, hele of vermalen ongekookte botten, rauwe eieren, groenten en fruit. Billinghurst was ervan overtuigd dat dit type dieet gunstiger zou zijn voor de gezondheid van gedomesticeerde honden, en hij was uitgesproken over zijn opvattingen tegen commercieel hondenvoer. Dit is echter een standpunt dat de meeste dierenartsen nu niet ondersteunen.

Er zijn inmiddels talrijke studies naar rauw voer uitgevoerd die de grote aantallen gevaarlijke ziekteverwekkers aantonen die via deze diëten op honden en hun eigenaren kunnen worden overgedragen. Deze ziekteverwekkers omvatten bacteriën zoals salmonella, E.coli en campylobacter. Ze blijven niet alleen in het speeksel van je hond, maar zijn ook nog steeds aanwezig in de ontlasting en vacht wanneer je hond zichzelf verzorgt. Dit betekent dat de bacteriën gemakkelijk kunnen worden overgedragen op mensen. Vooral kwetsbare personen, zoals kinderen en ouderen, lopen risico. In deze leeftijdsgroepen kunnen infecties met deze ziekteverwekkers levensbedreigend zijn. Honden kunnen ook ziek worden van ziekteverwekkers, al

is hun maag-darmstelsel doorgaans robuuster dan dat van mensen, waardoor veel honden enig contact kunnen verdragen zonder daadwerkelijk ziek te worden. Nauwgezette hygiëne tijdens de bereiding kan een deel van het risico beperken. Het desinfecteren van het gebied waar het voedsel werd bereid, je handen en de voerbak van je hond na elk gebruik zal deze schadelijke ziekteverwekkers in de omgeving aanzienlijk verminderen.

Er zijn andere risico's verbonden aan BARF-diëten die hele botten bevatten. Botten kunnen risico's opleveren zoals verstikking, beschadiging van tanden, inwendige perforaties en inwendige verstoppingen. De meeste voorstanders van rauw voer zullen beweren dat rauwe botten flexibeler zijn en beter verteren dan gekookte botten, maar desondanks is er nog steeds een zeker risico.

Ten slotte is de grootste zorg van dierenartsen de moeilijkheid om BARF- en zelfgemaakte diëten op de juiste manier in balans te brengen. In een onderzoek naar 95 zelfgemaakte hondenvoerdiëten bleek 60 procent een ernstig voedingstekort te hebben. De meerderheid van de mensen die zelfgemaakt voer geven, heeft geen deskundige veterinaire voedingsdeskundige geraadpleegd, maar heeft het dieet van hun hond ontwikkeld door persoonlijk onderzoek of advies van fokkers of vrienden die hun honden ook rauw of zelfgemaakt voer geven. Als gevolg hiervan is het dieet niet goed uitgebalanceerd en zijn er overmatige niveaus van calcium en fosfor of onjuiste niveaus van andere voedingsstoffen. Dit kan leiden tot ernstige gevolgen bij een hond, zoals rachitis, blaasstenen en groeiachterstand, vooral als het dier nog niet volledig volgroeid is.

Desalniettemin zijn er enkele leveranciers van rauw voer op de commerciële markt die producten zijn gaan produceren die veel van deze potentiële valkuilen kunnen beperken. Hoewel dierenartsen over het algemeen van mening zijn dat zelfgemaakt rauw voer uitzonderlijk gevaarlijk kan zijn, accepteren velen nu wel commercieel geproduceerde producten. Dit komt omdat deze producten worden getest om ervoor te zorgen dat de voedingsstoffen correct in balans zijn. Veel fabrikanten testen hun vlees ook op ziekteverwekkers en kunnen daarom certificeren dat ze vrij zijn van ziekteverwekkers en veilig voor consumptie.

Ondanks de duidelijke risico's worden veel mensen nog steeds aangetrokken tot zelfgemaakte rauwe diëten door anekdotisch bewijs, hype en zeer overtuigende foto's van voor en na de dieetverandering. Helaas zijn een groot aantal van deze beïnvloeders fokkers van rashonden of designerhonden, die hun passie doorgeven aan onwetende puppy-eigenaren die voor het eerst een hond hebben en zich niet bewust zijn van de risico's, dus je moet altijd je eigen onderzoek doen.

Traktaties

Elke eigenaar vindt het leuk om zijn hond te voeren. Het is een gemakkelijke manier om hun hart te veroveren, vooral het hart van een Labradoodle! Het voortdurend geven van traktaties aan je hond is echter hetzelfde als het voortdurend geven van snoep aan je kind; ze zijn niet zo voedzaam als gewoon voer, en je hond heeft de extra calorieën niet nodig. Af en toe traktaties geven is prima, vooral bij het trainen van je Labradoodle, maar probeer het niet te overdrijven.

Er zijn veel verschillende soorten traktaties op de markt, van kleine hapklare trainingstraktaties tot botten en geweien. Vermijd traktaties die verstoppingen kunnen veroorzaken of kunnen splinteren, zoals gekookte botten of kauwstrips van runderhuid. Geweien zijn daarentegen een veilige, smakelijke en langdurige kauwsnack. Leversnacks zijn ideaal als natuurlijke, voedzame beloningen tijdens de training. Onthoud altijd dat traktaties calorieën bevatten, en daarom moet je de normale voercalorieën van je hond voor de dag aanpassen aan hoeveel traktaties je hebt uitgedeeld.

Gewichtscontrole

Het controleren van het gewicht van je hond is net zo belangrijk als het controleren van je eigen gewicht. Er is echter zoveel variatie in het Labradoodle-ras dat het onmogelijk is om te zeggen dat een Labradoodle een specifiek gewicht zou moeten hebben.

Daarom is de beste manier om het gewicht te controleren niet door cijfers, maar door lichaamsconditiescores. Een ideale lichaamsconditiescore is 4 tot 5, en het bereik loopt van 1 (uitgemergeld) tot 9 (zwaarlijvig). De scores zijn gestandaardiseerd voor iedereen om te gebruiken, en zijn gemakkelijk en herhaalbaar van hond tot hond. Labradoodles vereisen handmatige beoordeling, aangezien hun weelderige lange vacht de omtrek van de ribben, taille en buikplooi kan verhullen. Dit zijn de beschrijvingen van de volgende scores:

BCS 1 = Uitgemergeld. Ribben, uitsteeksels van lendenwervels en benige uitsteeksels rond het bekken zijn duidelijk zichtbaar. Er is ernstig verlies van spieren en geen lichaamsvet.

BCS 3 = Ondergewicht. De ribben zijn gemakkelijk te voelen en kunnen zichtbaar zijn. Er is niet veel vet aanwezig. De buik loopt op bij de flank en de

taille is van bovenaf te zien. Sommige benige uitsteeksels zijn zichtbaar. Het is gemakkelijk om de bovenkant van de lendenwervels te zien.

BCS 5 = Ideaal. Er is minimaal vet over de ribben en ze zijn gemakkelijk te voelen. De taille en ribben zijn zichtbaar wanneer je boven de hond staat. De buik is opgetrokken wanneer je hem van de zijkant bekijkt.

BCS 7 = Overgewicht. Vet is aanwezig over de ribben en er is enige druk nodig om ze te voelen. Er zijn vetafzettingen over de romp en rond de staartbasis. De taille is niet gemakkelijk zichtbaar. De buikplooi is aanwezig maar licht.

BCS 9 = Zwaarlijvig. Er is veel vet rond de staartbasis, ruggengraat en borst. De buik kan uitpuilen achter de ribben. Geen taille of buikplooi is zichtbaar. Er zijn vetafzettingen op de nek en ledematen.

Als je Labradoodle moeite heeft met zijn gewicht ondanks regelmatige passende beweging, is het het beste om een van de twee benaderingen te proberen. Ten eerste kun je hun voedselinname met 10 procent aanpassen. Dit doe je door af te wegen of te meten hoeveel voer je normaal geeft, en vervolgens de verandering te berekenen. De andere optie is om de hoeveelheid voer te geven die nodig is, volgens de verpakking, op basis van een streefgewicht. Als je wat ondersteuning nodig hebt, houden veel dierenart-

senpraktijken weegmomenten met hun paraveterinairen, die een uitstekende bron kunnen zijn voor aanmoediging en tips.

Uiteindelijk is elke Labradoodle een individu, en daarom is er niet één
perfect dieet dat geschikt is voor alle Labradoodles. Het is het beste om de
hulp in te roepen van professionals, zoals hondenvoedings- of veterinaire voedingsdeskundigen, paraveterinairen of dierenartsen, als je niet zeker
weet hoe je een dieet voor je hond moet kiezen om ervoor te zorgen dat hij
zo gezond mogelijk is.

HOOFDSTUK 12
Vachtverzorging

"De vachtverzorging van je Labradoodle kan naast de noodzakelijke onderhoud van de vacht ook een geweldige activiteit zijn om de band te versterken. Houd het haar bij de oren niet langer dan 1,5 cm voorbij het oorleer, en knip het haar onder de oorflap kort om goede luchtcirculatie mogelijk te maken. Houd de haren rond de kin netjes geknipt zodat ze niet overmatig water druppelen na het drinken. Houd het haar rond de voorkant van de poten en tussen de voetzolen kort geknipt om te voorkomen dat er veel vuil en rommel mee naar binnen wordt gesleept. Doe een 'sanitaire knip' om het haar schoon te houden en problemen met urine of ontlasting te voorkomen. Zorg ervoor dat het haar tussen de ogen altijd kort geknipt is, zodat het zicht niet wordt belemmerd."

Rochelle Woods
Spring Creek Labradoodles

Foto met dank aan
Patricia Adams

Foto met dank aan Jan Armstrong

Een van de belangrijkste redenen waarom je misschien aangetrokken bent tot het hebben van een Labradoodle is zijn prachtige vacht en schattige, knuffelbare uiterlijk. Sommige Labradoodles hebben het voordeel dat ze weinig verharen, wat betekent dat ze hun vacht niet verliezen. Daarom is het goed verzorgen van de vacht essentieel. Zoals eerder besproken, komen Labradoodles in verschillende vachttypen voor, en vaak weet je pas echt welke vacht jouw Labradoodle zal hebben als hij wat ouder is. Welk type het ook wordt, het zal enig onderhoud vereisen. Naast de vacht moeten ook de oren, tanden, nagels en anaalklieren worden onderhouden om ervoor te zorgen dat ze geen invloed hebben op de algemene gezondheid van je hond. Dit hoofdstuk geeft een overzicht van hoe je ervoor kunt zorgen dat je Labradoodle vanuit het oogpunt van vachtverzorging goed verzorgd wordt.

Vachttypen

"F1's zijn meestal het meest onderhoudsvriendelijk, 'wassen en dragen' met minimale verzorging. F2's, Multi Gens en F1B's hebben meestal dagelijks borstelen en regelmatige verzorging nodig. Een goede vuistregel: als het al geklit is, is het te laat. Beter om te scheren en opnieuw te beginnen. De meeste doodle-eigenaren kiezen voor een kortere 'zomercoupe' die tegen de winter weer is aangegroeid. Doe onderzoek naar je trimmer en zorg ervoor dat deze bekend is met het ras en de coupes. Maak van je 'Doodle' geen 'Poedel'."

Jenny Williams
Happy Go Lucky Labradoodles

De Labradoodle heeft drie vachttypen: haar, fleece of wol. Deze worden grotendeels beïnvloed door de genetica van de ouders. Het is echter niet onmogelijk dat voorouderlijke genen plotseling opduiken en een puppy met een onverwacht vachttype produceren. F1 en vroege generatie puppy's vertonen vaker variatie binnen een nest. Door een multigenerationele Labradoodle aan te schaffen, kun je echter meer zekerheid hebben over wat je koopt.

Haarvacht

De haarvacht lijkt op die van een Labrador, hoewel iets langer. Deze komt vaak voor bij de F1-, F1b- en F2b-generaties. De vacht kan een geur dragen en zal in zekere mate verharen.

Fleecevacht

De fleecevacht heeft een zachte textuur. Het kan een rechte golf of een spiraalvormige krul zijn. Dit is de vacht waar de meeste Labradoodle-fokkers naar streven, en die de meeste klanten prefereren omdat deze gemakkelijker te onderhouden is dan de andere vachttypen, en het meest waarschijnlijk hypoallergeen is.

Wolvacht

De wolvacht lijkt sterk op de vacht van een Poedel. Hij is dik en dicht en vereist frequent onderhoud.

Borstelen

"Veel mensen denken dat een Labradoodle een gemakkelijk te onderhouden vacht heeft, maar het tegendeel is waar. Het vergt veel onderhoud om de vacht vrij van klitten te houden. Meerdere keren per week borstelen is meestal noodzakelijk, en het is belangrijk om probleemgebieden regelmatig op klitten te controleren: achter de oren, onder de staart, onder de poten waar ze aan het lichaam vastzitten, en onder de halsband."

Rochelle Woods
Spring Creek Labradoodles

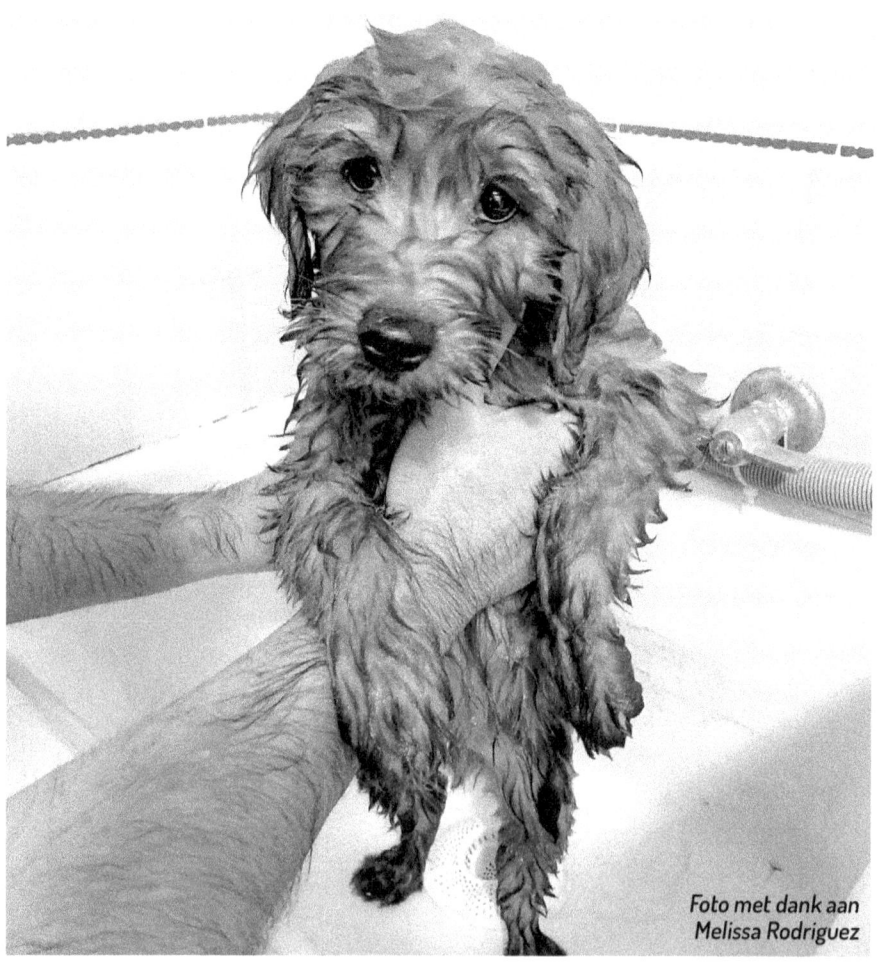

Foto met dank aan
Melissa Rodriguez

Regelmatige verzorging van de vacht van je Labradoodle is iets waar je tijd voor moet maken. De meeste Labradoodles hebben een vacht die gemiddeld tot veel onderhoud vergt. Ook al kun je je Labradoodle eens in de vier tot zes weken laten wassen, borstelen en knippen door een professionele trimmer, dan nog blijft regelmatige verzorging thuis noodzakelijk.

De vacht van Labradoodles kan gaan klitten als ze niet regelmatig worden geborsteld, en als je een Labradoodle hebt aangeschaft die zijn vacht verliest, zal regelmatig borstelen in ieder geval de losse haren opvangen en je tapijt enigszins sparen!

Het is een goed idee om vroeg een borstelroutine te vestigen, omdat je Labradoodle het dan beter zal verdragen. Je moet de vacht van je hond twee tot drie keer per week controleren en alle geknoopte gebieden met een slickerborstel borstelen. De belangrijkste gebieden om je op te concentreren zijn de oksels, achter de oren, borst en nek. Je moet de vacht tot op de huid verdelen en vanaf de basis van de vacht borstelen. Zo zorg je ervoor dat je geen klitten dicht bij de huid mist.

Baden

Het baden van je hond is iets wat je moet doen om zijn vacht schoon te houden, vooral als hij net als zijn Labrador-voorouders een voorliefde heeft voor vies water. Te frequent baden kan echter ook schadelijk zijn voor zijn huid en vacht, omdat het de natuurlijke oliën verwijdert.

Als je merkt dat je hond na elke wandeling vies wordt, kun je hem veilig afspoelen met warm water. Dit is niet schadelijk voor de vacht. Maar af en toe heb je misschien iets meer nodig voor de hygiëne en om geurtjes te verwijderen, vooral als je een Labradoodle met een haarvacht hebt. In dat geval is een hondenshampoo geschikt, maar zorg ervoor dat je een goede kwaliteit hondenshampoo koopt die zacht is voor de huid. Deze bevatten vaak tea tree of havermout en hebben minimale chemicaliën.

Een shampoo-bad moet niet vaker dan eens per maand worden gegeven, en als je je Labradoodle regelmatig naar de trimmer stuurt, zullen zij je hond voor je wassen voordat ze hem knippen.

Oorverzorging

Oorverzorging is essentieel om ervoor te zorgen dat je Labradoodle geen oorontstekingen ontwikkelt. In hoofdstuk 14 zullen we bekijken hoe Labradoodles hier vatbaar voor zijn. Het reinigen van de oren met een neutrale oorreiniger een paar keer per maand helpt om al het oorsmeer en vuil te verwijderen dat zich kan ophopen. Je kunt de oorreiniger ook gebruiken nadat je Labradoodle in vies water heeft gezwommen, omdat dit ook een plek is waar hij gemakkelijk bacteriën kan oppikken.

Het reinigen van de oren is eenvoudig, al kan het wel een beetje rommelig zijn. Plaats eerst het tuitje van de reiniger in de gehoorgang en geef een spuitje van het product. Verwijder vervolgens de fles en plaats snel de oorflap over de uitgang van de gehoorgang om te voorkomen dat er reiniger uitkomt. Je kunt dan zachtjes het oor masseren om ervoor te zorgen dat de reiniger zijn weg vindt naar het einde van de gehoorgang. Na tien seconden masseren kun je het oor loslaten en een stap terug doen. Je Labradoodle zal ongetwijfeld met zijn kop schudden om de vloeistof uit zijn oor te krijgen, en daarmee komt ook het vuil of oorsmeer mee dat zich in de gehoorgang heeft opgehoopt. Je kunt dit dan wegvegen met wat watten.

Tandverzorging

Tandgezondheid is nauw verbonden met de algemene gezondheid, en daarom is het vitaal om de tanden van je hond in goede conditie te houden. Tandverzorging is iets dat veel eigenaren onbewust verwaarlozen, en als gevolg daarvan hebben veel oudere honden op latere leeftijd zoveel tandsteen opgebouwd dat hun mond oncomfortabel en stinkend is. Het is een misverstand dat een hond met een goede eetlust automatisch een gezonde mond heeft; gemakkelijk eten zegt namelijk weinig over de staat van zijn gebit. Tandsteen, ook bekend als plak, is een mengsel van voedselresten en bacteriën dat zich op de tanden kan ophopen. Wanneer tandsteen zich dicht bij het tandvlees verzamelt, veroorzaakt het tandvleesontsteking wat resulteert in pijnlijk, bloedend tandvlees. Dit kan leiden tot verzwakking van de parodontale ligamenten, die tanden in de tandkas houden, en als gevolg daarvan kunnen tanden los gaan zitten en uitvallen.

Voorkomen is veel beter dan genezen, en er kan veel worden gedaan om tandsteenvorming te voorkomen. Ten eerste, zoals eerder besproken in hoofdstuk 11, zal het type voedsel dat je je hond geeft, beïnvloeden hoeveel er tussen zijn tanden blijft zitten. Droog voer zorgt voor enige wrijving tegen

Foto met dank aan
Betsy Glennon

de tand en reinigt de tand in zekere mate, terwijl nat voer eerder blijft plakken en tandsteenvorming kan veroorzaken. Je kunt je hond ook met mate tandverzorgingssnacks geven, die werken volgens hetzelfde principe; de wrijving helpt tandsteen te verwijderen. Je moet echter uit de buurt blijven van traktaties zoals botten, die kunnen splinteren en verstoppingen kunnen veroorzaken. Hertengeweien zijn een uitstekend alternatief om op te kauwen.

De belangrijkste manier om de mond van je hond schoon te houden is door tandproducten te gebruiken, zoals hondentandpasta. Menselijke tandpasta mag nooit worden gebruikt, omdat het ingrediënten kan bevatten die giftig zijn voor je Labradoodle. Hondentandpasta heeft meestal een vleessmaak, waar je hond van zal houden, en het bevat enzymen die helpen tandsteen op te lossen. Dagelijkse reiniging is essentieel, en je moet dit bij je hond introduceren als puppy, omdat hij het anders stressvol kan vinden. Er is ook hondenmondwater dat je kunt gebruiken. Je voegt het gewoon elke dag toe aan het water van je hond. Het is belangrijk dat menselijk mondwater nooit wordt gebruikt, omdat het, net als menselijke tandpasta, giftig kan zijn en kan leiden tot leverschade. Het water met toegevoegd mondwater moet dagelijks volledig worden vervangen door vers water. Dit zorgt ervoor dat de enzymen in het mondwater efficiënt werken. Net als bij de tandpasta helpen de enzymen tandsteen van de tanden op te lossen. Mondwater is echter minder effectief dan poetsen, en als je Labradoodle al aanzienlijke tandsteenopbouw heeft, zal het waarschijnlijk alleen voorkomen dat het erger wordt, in plaats van het probleem te behandelen.

Als je een oudere hond hebt, of als je een Labradoodle hebt gered die een groot deel van zijn leven zonder tandverzorging heeft doorgebracht, kan het zijn dat de tandsteenopbouw nu te groot is om thuis te behandelen. In dat geval kan je hond een tandheelkundige ingreep ondergaan bij je lokale dierenartspraktijk. Het vereist een korte verdoving, dus je hond moet 's ochtends daar zijn. Wanneer je hond slaapt, zal de dierenarts al zijn tanden reinigen en polijsten, en ze vervolgens allemaal controleren op holtes in de tandkas. Dit kan een indicatie zijn dat het parodontale ligament aan het verslechteren is en dat een tand mogelijk getrokken moet worden. Het geweldige aan tandheelkundige ingrepen is dat de mond van je hond weer comfortabel zal zijn, zijn adem fris, en zijn tanden zo parelwit als die van een puppy.

Nagels knippen

Honden hebben vier nagels aan elke poot, en aan de voorpoot is er ook een wolfsklauw aan de binnenkant. Sommige honden hebben ook wolfsklauwen aan de binnenkant van hun achterpoten, maar dit is ongebruikelijk. Alle nagels moeten regelmatig worden geknipt, omdat ze van nature krom groeien. Als ze te lang worden, kunnen ze de voetzool beschadigen of ergens achter blijven haken, met als gevolg verstuikte of ontwrichte tenen. Het knippen van nagels kan bij sommige honden grote angst veroorzaken, dus het is een goed idee om je hond te leren stil te zijn en niet in paniek te raken als hij jong is. Begin als puppy door met de poten van je hond te spelen en hem veel lof te geven wanneer hij niet moeilijk doet.

Je kunt hondennageltangen kopen in de meeste dierenwinkels, en deze zijn veel beter dan menselijke nagelknippers. Kies een maat die het meest geschikt is voor de grootte van je Labradoodle.

De nagel bestaat uit keratine, dat geen zenuwen of bloedvaten bevat, dus als je de nagel correct knipt, zal het je hond geen pijn doen. Door het midden van de nagel loopt echter een gevoelig, doorbloed deel, dat het 'leven' wordt genoemd. Als je per ongeluk in het leven knipt, zal het bloeden. Dit is niet gevaarlijk, alleen oncomfortabel voor je hond. Oefen gewoon vijf minuten stevige druk uit met een prop watten om het onder controle te krijgen.

Weten waar het leven eindigt, is meestal een gokspel voor honden met zwarte nagels. Als je hond doorzichtige nagels heeft, heb je geluk – dan kun je het leven makkelijk zien zitten. Voor honden met zwarte nagels is het beter om kleine stukjes tegelijk af te nemen, in plaats van één grote knip. Je kunt ook een nagelvijl gebruiken om langzaam de nagels van je hond af te vijlen, omdat deze minder snel het leven beschadigen, maar dit kan enige tijd duren en vereist wat geduld van je Labradoodle. Je kunt een op batterijen werkende roterende nagelslijper aanschaffen om het proces te versnellen. Als je nerveus bent over het knippen van de nagels van je hond, zal een trimmer of een dierenartsassistent je graag helpen.

Foto met dank aan
Donna Hinde

Anaalklieren

De anaalklieren zijn twee zakjes die net binnen de anus zitten. Ze hebben geen functioneel doel. Normaal gesproken zit er niets in, omdat stevige ontlasting de anaalzakjes vanzelf leegt wanneer deze passeert. Als er toch iets in is opgehoopt, komt het er dan vanzelf uit. Dit kan echter om twee redenen misgaan. Als ze anatomisch op de verkeerde plaats zitten, of als de ontlasting die passeert niet stevig is, dan begint fecaal materiaal zich erin op te hopen.

Wanneer de anaalklieren vol raken, worden ze behoorlijk oncomfortabel. De meeste honden proberen ze te verlichten door hun achterwerk over de vloer te wrijven, bekend als 'sleeën'. Soms geeft dit genoeg druk om het materiaal dat vastzit eruit te persen, maar niet altijd. Als je hond erg geïrriteerd raakt door het ongemak, kun je hem zien likken of bijten aan zijn anale gebied. Een andere indicator dat je Labradoodle last heeft van volle anaalklieren is een onmiskenbare visachtige geur. Deze is doordringend en je zult hem zeker niet missen!

Het is belangrijk om je hond naar de dierenarts te brengen om zijn anaalklieren te laten legen als hij last heeft van deze symptomen. Sommige trimmers kunnen ze ook voor je legen. Het is echter beter om naar de dierenarts te gaan, want als de klieren al een tijdje verstopt zijn geweest, kunnen ze geïnfecteerd zijn geraakt en antibiotica nodig hebben. Het kan gevaarlijk zijn als de anaalklieren te vol raken, want als ze geïnfecteerd raken, kan er een abces ontstaan dat kan openbarsten en dat is, niet verrassend, erg pijnlijk. Als je Labradoodle terugkerende anaalklierimpacties of -infecties heeft, kan dit soms worden opgelost met een dieetverandering om stevigere ontlasting te creëren. Werkt dit niet, dan is een operatie om de anaalklieren te verwijderen ook een optie. Dit is echter geen eerstelijnsbehandeling, omdat de zenuwen die de sluitspier van de anus aansturen zeer dicht bij de klieren liggen. Bij beschadiging tijdens de ingreep kan dit leiden tot fecale incontinentie. Het lijkt misschien dat je veel moet overwegen om je Labradoodle netjes te houden, maar zodra het deel wordt van je routine, zul je merken dat het heel weinig tijd kost en zeer bevredigend kan zijn. Verzorgingsgezondheid kan nauw verwant zijn aan algemene gezondheid, en dus zal je Labradoodle je dankbaar zijn dat je hem in goede conditie houdt.

HOOFDSTUK 13
Preventieve Gezondheidszorg

Natuurlijk is de gezondheid van je Labradoodle waarschijnlijk je grootste zorg. Zoals je in Hoofdstuk 14 zult lezen, is de Labradoodle vatbaar voor verschillende erfelijke aandoeningen, dus het loont om proactief te zijn als het gaat om de gezondheid van je hond. Dit hoofdstuk behandelt de routinematige preventieve gezondheidsmaatregelen die worden aanbevolen bij het houden van een hond.

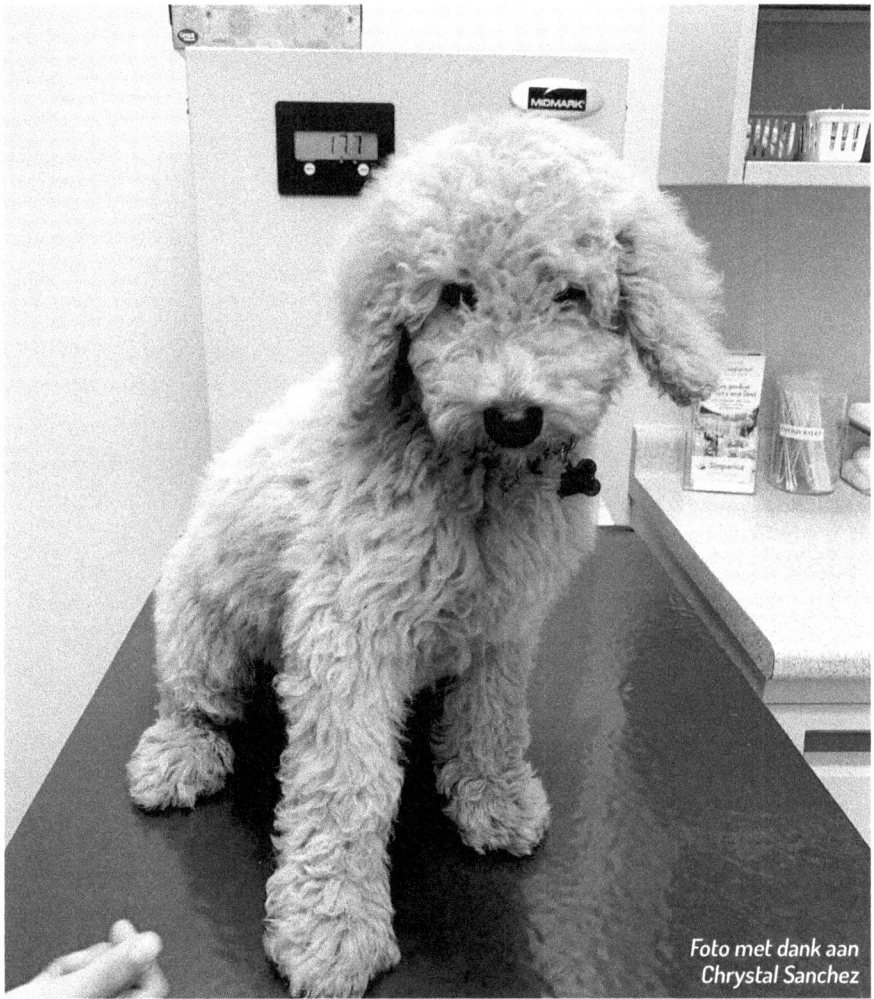

Foto met dank aan
Chrystal Sanchez

Een Dierenarts Kiezen

Je hebt je nieuwe Labradoodle dus mee naar huis genomen. De volgende stap is om ook een dierenarts in je familie te verwelkomen. Een dierenarts moet zorgvuldig worden gekozen, aangezien veel mensen gedurende het hele leven van hun hond dezelfde dierenarts aanhouden. Dit is gunstig, omdat de dierenarts dan de medische geschiedenis en het karakter van je Labradoodle kent, en jij zult leren om hem met je hond te vertrouwen. Het laatste punt is bijzonder belangrijk, aangezien je Labradoodle onvermijdelijk een plekje in je hart zal veroveren zoals een kind dat zou doen. Daarom wil je zeker iemand die de grootst mogelijke zorg aan je Labradoodle besteedt.

Er zijn veel factoren om rekening mee te houden bij het kiezen van een dierenarts. Veel mensen kiezen de dichtstbijzijnde dierenarts om ervoor te zorgen dat ze in geval van nood hun huisdier snel naar de dierenarts kunnen brengen. Maar er zijn ook andere factoren om te overwegen.

Buiten Kantooruren

Veel dierenartsenpraktijken besteden tegenwoordig hun spoedafspraken buiten kantooruren uit aan gespecialiseerde spoeddiensten; er zijn echter nog steeds enkele kleinere onafhankelijke praktijken die deze diensten zelf verzorgen.

Als een praktijk zelf spoedafspraken buiten kantooruren verzorgt, is het voordeel dat je je normale dierenarts ziet in een vertrouwde omgeving, wat de spanning van een zeer stressvolle situatie kan verlichten. Bovendien heeft je hond continuïteit van zorg gedurende de dag en nacht als hij moet worden opgenomen.

Aan de andere kant, als je dierenartsenpraktijk spoedafspraken buiten kantooruren uitbesteedt aan een gespecialiseerde dienst, zal dit weliswaar onbekend voor je zijn, maar wordt het waarschijnlijk verzorgd door een dierenarts die gespecialiseerd is in spoedeisende kritieke zorg.

Specialisaties

Het is de moeite waard om wat tijd te besteden aan het onderzoeken van de kwalificaties van het personeel, aangezien je kunt ontdekken dat sommigen gekwalificeerd zijn in specialistische gebieden. Dit is voordelig voor jou, want als je Labradoodle ooit ingewikkelde problemen heeft, kan hij mogelijk dicht bij huis worden behandeld in je lokale dierenartsenpraktijk, in plaats van doorverwezen te worden naar een gespecialiseerd centrum.

Foto met dank aan
Melissa Rodriguez

Extra's

Veel dierenartsenpraktijken bieden extra diensten aan waarvan je misschien denkt dat je ze op dit moment niet nodig hebt, hoewel je blij zult zijn dat ze er zijn wanneer je ze wel nodig hebt. Deze omvatten diensten zoals puppycursussen, gewichtsbeheersingsklinieken, diabetesklinieken, gebitscontroles en gezondheidscontroles voor oudere honden.

Chippen

Het is verstandig om je Labradoodle te laten chippen en in sommige gemeenten zelfs een wettelijke verplichting. Het chippen van je hond is een manier om hem permanent te kunnen identificeren, zolang je je gegevens up-to-date houdt bij het chipbedrijf.

Een microchip is een kleine metalen chip, ongeveer zo groot als een rijstkorrel, die onder de huid van een hond wordt ingebracht tussen de schouderbladen. Een dierenarts kan deze in een kwestie van seconden inbrengen met behulp van een grote naald. Je Labradoodle zal waarschijnlijk even een scherpe prik voelen, maar het ongemak verdwijnt daarna zeer snel. Wanneer een scanner over je hond wordt bewogen in de buurt van de microchip, verschijnt het microchipnummer. Dit is rechtstreeks gekoppeld aan jouw gegevens in de database van het chipbedrijf.

Sterilisatie en Castratie

Veel mensen verschillen van mening over dit onderwerp. Er zijn echter enkele grote voordelen aan het laten steriliseren of castreren van je Labradoodle als je niet van plan bent om ermee te fokken. Veel Labradoodles komen zelfs met een contract waarin staat dat ze gesteriliseerd of gecastreerd moeten worden om ongewenst fokken te voorkomen.

Wanneer je een vrouwelijke hond laat steriliseren, heet dit een ovariohysterectomie. Tijdens de operatie verwijdert de dierenarts de eierstokken, en meestal ook de baarmoeder, hoewel sommige dierenartsen alleen de eierstokken verwijderen. Ongeacht de gebruikte techniek zijn de voordelen hetzelfde. Voor de meeste middelgrote honden is de incisie een paar centimeter lang, in het midden van de buik. Sommige dierenartsenpraktijken bieden ook laparoscopische sterilisatieprocedures aan, die worden uitgevoerd met een camera en zeer kleine incisies. Het voordeel hiervan is dat de hersteltijd veel korter is, maar het vereist wel een langere verdoving vanwege de complexiteit van de operatie.

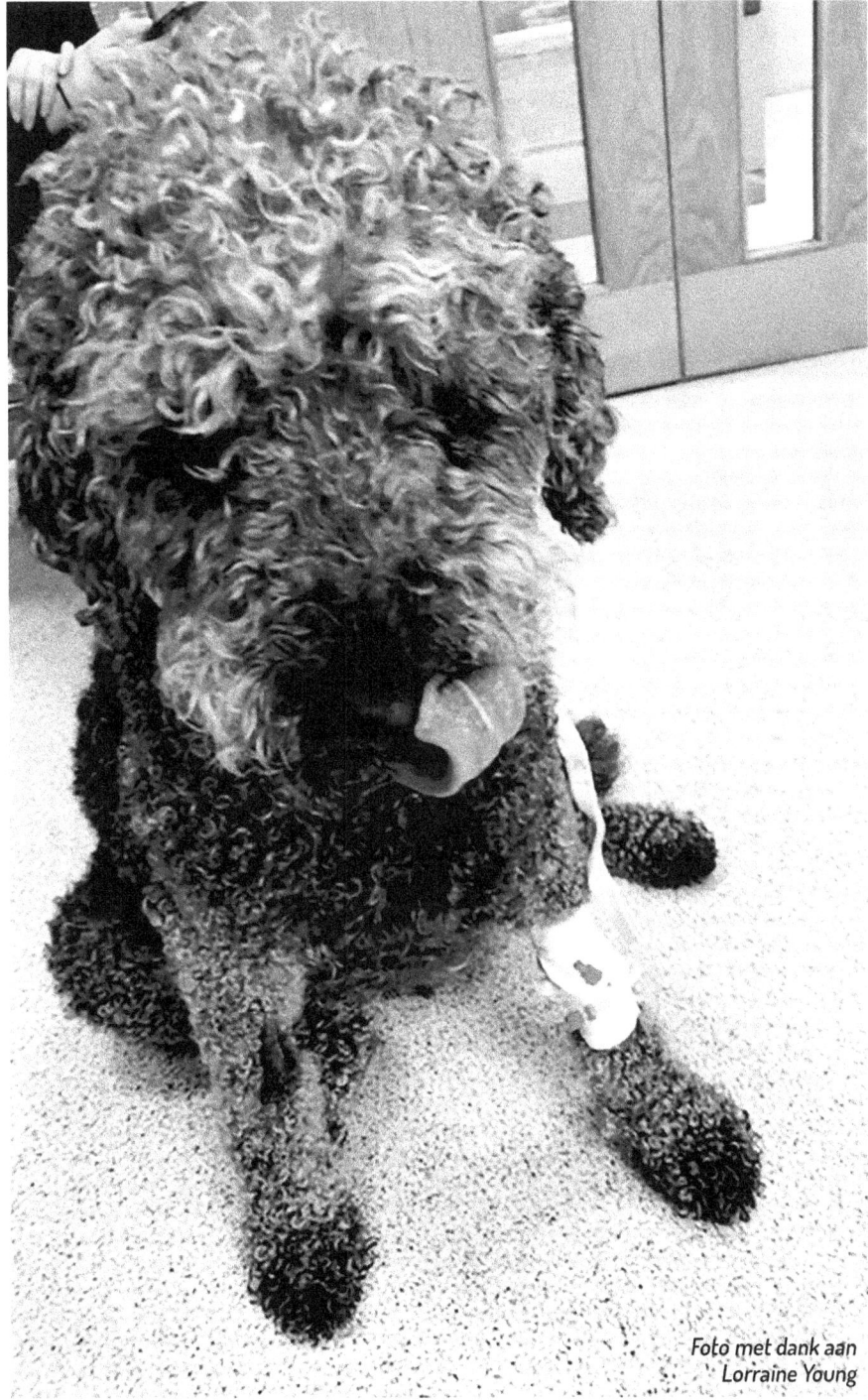

Foto met dank aan
Lorraine Young

De belangrijkste voordelen van het steriliseren van je hond zijn dat je het risico op een potentieel levensbedreigende baarmoederontsteking, genaamd pyometra, elimineert, en de kans op mammatumoren aanzienlijk vermindert. Het nadeel is dat door sterilisatie de spierband die de blaas gesloten houdt, de urethrale sfincter, kan verslappen, wat later tot incontinentie kan leiden. Dit komt omdat het hormoon oestrogeen helpt deze band aan te spannen. Je kunt het risico hierop verkleinen door je hond drie maanden na de eerste loopsheid te laten steriliseren. Houd er echter rekening mee dat het toelaten van de voortplan-

Foto met dank aan Joe Abkemeier

tingshormonen in het lichaam het risico op mammatumoren enigszins verhoogt. Het castreren van een mannelijke hond is een minder invasieve procedure dan het steriliseren van een vrouwelijke hond. Tijdens de operatie worden beide testikels verwijderd via één incisie. Net als bij sterilisatie zijn er enkele grote voordelen aan het castreren van je hond. Het elimineert de mogelijkheid van teelbalkanker en vermindert aanzienlijk de kans op prostaatvergroting of -kanker. Ook zal het, indien op jonge leeftijd uitgevoerd, gedragsproblemen zoals agressie verminderen.

Vaccinaties

Je eerste bezoek aan de dierenarts is waarschijnlijk wanneer je puppy zijn eerste vaccinatie krijgt. Dit kan in sommige gevallen al vanaf zes weken oud zijn. Sommige fokkers laten je Labradoodle-puppy misschien de eerste vaccinatie halen terwijl hij nog bij hen is, zodat hij vier weken later alleen een booster nodig heeft.

Vaccinaties beginnen meestal met een reeks van twee of drie injecties, gevolgd door jaarlijkse boosters. Ze beschermen tegen enkele zeer ernstige hondenzieken. Als je twijfels hebt over vaccinaties, is het vooral belangrijk dat je puppy in ieder geval de eerste reeks van twee of drie prikken krijgt.

Daarna kun je jaarlijks zijn immuniteitsniveau laten testen met een bloedti-ter. Op die manier kun je alleen een boostervaccinatie geven wanneer de immuniteitsniveaus dalen. Als je echter van plan bent om gebruik te maken van kennels wanneer je op vakantie gaat, of om je hond te verzekeren, heb je meestal een up-to-date vaccinatiekaart nodig.

De volgende ziekten worden gewoonlijk tegen gevaccineerd:

- **Hondenziekte** = Dit potentieel dodelijke virus kan niet-specifieke symp-tomen veroorzaken, zoals niezen, braken en hoesten. Het kan ook ver-harding en verdikking van de kussentjes op de poten en van de neus veroorzaken. Het leidt snel tot de dood.

- **Parvo** = Dit virus treft typisch jonge puppy's. Het veroorzaakt bloederige diarree, die extreem besmettelijk is. Dit zorgt er geleidelijk voor dat puppy's verzwakken door uitdroging en bloedverlies.

- **Leptospirose** = Leptospirose kan leiden tot nier- en leverfalen. Het meest voorkomende symptoom is geelzucht, wat te zien is aan een gelige verkleuring van het tandvlees en de ogen. Sommige honden ver-tonen daarnaast ook neurologische symptomen. Hepatitis = Dit is een virus, ook bekend als canine adenovirus. Veelvoorkomende symptom-en zijn vermoeidheid, koorts, braken, diarree en geelzucht. Hepatitis kan snel tot de dood leiden.

- **Para-influenza** = Para-influenza is een virus dat kan leiden tot een ver-zwakkende hoest.

- **Kennelhoest** = Kennelhoest is zeer besmettelijk en veroorzaakt een blaffende hoest en koorts. Dit vaccin wordt in de neus gespoten in plaats van geïnjecteerd.

- **Hondsdolheid** = Hondsdolheid is een gevaarlijke ziekte die agressie, hypersalivatie en neurologische symptomen veroorzaakt, die tot de dood leiden. Als een dolle hond een mens bijt, kunnen zij ook de do-delijke ziekte oplopen.

Parasietenbestrijding

Er zijn veel kruipende beestjes die je in de vacht van je hond kunt aan-treffen, waarvan vlooien de meest voorkomende zijn. Vlooien leven zowel in de omgeving als op de hond, en voeden zich met het bloed van je hond. Alleen omdat je geen vlooien kunt zien, betekent niet dat je hond er niet aan wordt blootgesteld, en daarom zal het routinematig aanbrengen van vlooienbehandeling als preventief middel je hond helpen om niet gebeten te worden.

Veel vlooienbehandelingen behandelen ook andere externe parasieten, zoals luizen, mijten en teken, maar je moet niet aannemen dat elke vlooienbehandeling al deze parasieten bestrijdt. Het is belangrijk om rekening te houden met je geografische risico's als het gaat om parasieten. In sommige gebieden waar lang gras of veel wilde dieren zijn, komen teken bijvoorbeeld veel voor, terwijl honden die in stedelijke gebieden wonen minder risico lopen.

Net zoals je routinematig moet behandelen tegen externe parasieten, moet je ook routinematig behandelen tegen interne parasieten. Deze parasieten omvatten rondwormen en lintwormen.

Sommige vlooienbehandelingen bevatten ook ontwormingsmiddelen, zodat je met één toepassing meerdere soorten parasieten kunt bestrijden. Volg echter altijd het advies van je dierenarts over welke behandelingen geschikt zijn voor jouw hond. Uitgebreide ontwormingsbehandelingen tegen rondwormen en lintwormen worden meestal elke drie maanden aanbevolen als je hond veel aast, of elke zes maanden als hij dat niet doet. Als je Labradoodle de eetlust van een Labrador heeft geërfd, zul je hem zeker elke drie maanden moeten ontwormen! Hij kan het niet laten zijn neus te volgen en schrokt alles op wat hij vindt, zelfs als het bedorven is. Als je in een gebied woont waar longwormen veel voorkomen, is het het beste om je hond elke maand te ontwormen met een rondwormbehandeling, en vervolgens elke drie maanden met een lintwormbehandeling.

HOOFDSTUK 14
Gezondheid

"Ik ben sinds 2001 betrokken bij Labradoodles. De lijst met mogelijke genetische problemen is even lang als die bij de Poedel- en Retriever-ouderrassen. Heupdysplasie, oogproblemen zoals staar en progressieve retina-atrofie, epilepsie, hartproblemen, schildklierproblemen, en zo gaat de lijst door. Een goede fokker test op de meest voorkomende problemen in de bloedlijn en doet zijn best om deze te voorkomen. Er zijn echter zoveel polygene en recessieve genen dat het onmogelijk is om volledig weg te fokken van elk potentieel gezondheidsprobleem. Families die een Labradoodle willen aanschaffen, moeten begrijpen dat er altijd een kans bestaat op verschillende gezondheidsproblemen, ongeacht hoe uitgebreid een fokker heeft getest. Ik raad families ten zeerste aan om een ziektekostenverzekering voor hun pup af te sluiten, zodat ze gemakkelijk elk groot gezondheidsprobleem kunnen aanpakken zonder de stress van financiële zorgen."

Rochelle Woods
Spring Creek Labradoodles

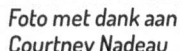

Foto met dank aan
Courtney Nadeau

Labradoodles kunnen vatbaar zijn voor veel aandoeningen, die voornamelijk voortkomen uit hun Labrador-genetica. Hoewel niet alle Labradoodles deze ziektes zullen ontwikkelen, is het goed om ervan op de hoogte te zijn. Vroege opsporing leidt tot vroege behandeling en de beste uitkomst voor iedereen. In dit hoofdstuk bekijken we een uitgebreide, maar niet volledige lijst van aandoeningen waarvan je op de hoogte moet zijn.

Progressieve Retina-atrofie

"Heupdysplasie en netvliesaandoeningen kunnen een punt van zorg zijn. Het vinden van een kwaliteitsfokker die gezondheidsonderzoeken doet in al hun foklijnen is essentieel om een pup met de best mogelijke gezondheidsstart te krijgen. Door goede gezondheidstests kunnen fokkers niet alles voorkomen, maar ze kunnen je nieuwe pup wel de best mogelijke kans geven op een lang en gezond leven bij jou."

Robby Gilliam
Mountain View Labradoodles

Het netvlies is een structuur achter in het oog die essentieel is voor het zicht. Het bestaat uit miljoenen cellen die staafjes en kegeltjes worden genoemd. Deze detecteren zwak en fel licht en zetten het licht om in signalen naar de hersenen voor verwerking. Eenmaal in de hersenen vormt het een beeld.

Bij Progressieve Retina-atrofie (PRA) beginnen de cellen van het netvlies vroeg in het leven af te sterven. Dit betekent dat het zicht geleidelijk verloren gaat. Het is een langzaam proces waarbij de staafjes meestal als eerste verslechteren. Dit leidt in eerste instantie tot nachtblindheid, voordat ook de kegeltjes verslechteren en de hond volledig blind wordt.

PRA kan niet worden teruggedraaid, dus het kopen van een pup bij een fokker die de ouders heeft getest op PRA is je beste kans op een PRA-vrije Labradoodle. Als je Labradoodle helaas PRA begint te ontwikkelen, dan is het essentieel om hem commando's te leren die hem helpen navigeren. Deze worden verder uitgelegd in Hoofdstuk 15.

Patella Luxatie

De patella, ook bekend als de knieschijf, zit in een groef in het kniege-wricht. Normaal gesproken beweegt deze soepel op en neer in deze groef als het been strekt en buigt, maar wanneer één kant van de groef niet hoog genoeg is, kan de knieschijf uit positie schieten. Dit wordt een luxatie ge-noemd. De meeste patella luxaties zijn naar de binnenkant van het been en schieten gemakkelijk terug op hun plaats. Ze veroorzaken meestal geen pijn, zolang de patella niet buiten de groef vast komt te zitten; ze kunnen echter in de loop der jaren leiden tot artrose van het gewricht.

Patella luxatie kan worden behandeld met een operatie om ofwel de groef te verdiepen of de zijkanten te verhogen. De procedure is niet zonder risico, aangezien postoperatieve infecties catastrofaal kunnen zijn, maar over het algemeen zijn de resultaten uitstekend.

Heup- en Elleboogdysplasie

"Heupdysplasie is volgens mij de meest voorkomende genetische aandoening bij Labradoodles. Dit kan worden beperkt door ervoor te zorgen dat beide ouders OFA-heupcertificaten hebben. Een goede fokker zou deze zonder aarzelen moeten kunnen overleggen."

Jenny Williams
Happy Go Lucky Labradoodles

Gewrichtsdysplasie van de heup of elleboog is een veel voorkomende aandoening bij grote hondenrassen, en Labradors zijn een van de meest vatbare rassen voor deze aandoening. De heup is een kogelgewricht waarbij de kop van het dijbeen (de kogel) in een kom in het bekken past. Normaal gesproken zou dit een perfecte match moeten zijn, zoals puzzelstukjes, maar wanneer een hond heupdysplasie heeft, is ofwel de kogel ofwel de kom misvormd. Wanneer de vormen niet goed bij elkaar passen, betekent dit dat het gewricht minder stabiel is tijdens beweging. In ernstige gevallen van heupdysplasie kan de kogel tijdens beweging uit de heupkom schieten, wat resulteert in een wiebelende, zwaaiende gang als je van achteren kijkt.

Elleboogdysplasie daarentegen heeft veel verschillende elementen. Het is niet zo'n eenvoudig gewricht als de heup, en binnen de elleboogdysplasie kunnen er meerdere afwijkingen in de ontwikkeling zijn. Het meest voorkomende probleem bij elleboogdysplasie is osteochondrosis dissecans (OCD). Dit is wanneer een flapje gewrichtskraakbeen loskomt van het oppervlak. Daarnaast kunnen verschillende uitsteeksels losraken. Deze staan bekend als een niet-verenigde processus anconeus (UAP) en een gefragmenteerde mediale processus coronoideus (FMCP). Dit leidt uiteindelijk tot kreupelheid of een ongewone gang.

Gewrichtsdysplasie wordt meestal gediagnosticeerd op basis van röntgenfoto's of artroscopie; de meeste dierenartsen kunnen echter met een eenvoudig klinisch onderzoek vaststellen dat een hond waarschijnlijk lijdt aan heup- of elleboogdysplasie. Gewrichtsdysplasie is een erfelijke aandoening en wordt daarom meestal vanaf jonge leeftijd gediagnosticeerd. Röntgenfoto's kunnen dysplasie bevestigen zodra een hond volledig is uit-

Foto met dank aan
Amy Miller

gegroeid. Het is het beste om op jonge leeftijd te begrijpen of een hond wel of geen dysplasie heeft, want als het onopgemerkt blijft, zal artrose in een vroeg stadium optreden. Dit kan worden beperkt met aanpassingen in de levensstijl, zoals je hond gecontroleerd uitlaten met minimaal springen, en fysieke therapieën, zoals hydrotherapie, om spieren op te bouwen. Gewrichtssupplementen helpen ook bij het behoud van de gewrichtsgezondheid. Het gewicht van een hond speelt ook een grote rol, aangezien een lichtere hond minder zwaartekracht op de gewrichten heeft en daardoor minder stress. Onvermijdelijk zullen alle honden met gewrichtsdysplasie ooit artrose krijgen; het doel is om dit zo lang mogelijk te vermijden.

Voor ernstige gevallen van zowel elleboog- als heupdysplasie is een operatie een optie. Bij elleboogdysplasie omvat de operatie meestal het verwijderen van bot- of kraakbeenfragmenten. Soms kan een UAP opnieuw worden bevestigd met behulp van schroeven als de operatie op zeer jonge leeftijd wordt uitgevoerd. Bij heupdysplasie kan het heupgewricht worden aangepast door de kop van het dijbeen te verwijderen, opnieuw te vormen en terug te plaatsen, of volledig te verwijderen. Bij zowel heup- als elleboogdysplasie is totale gewrichtsvervanging de gouden standaard voor chirurgische behandeling, maar implantaten zijn duur.

Voorkomen is altijd beter dan genezen, en daarom is het kopen van een pup bij een fokker die de gewrichten van de ouders heeft laten röntgenen en beoordelen je beste kans op een gezonde hond. Heup- en elleboogbeoordeling kan worden gedaan via de Raad van Beheer op Kynologisch Gebied in Nederland.

Ziekte van Von Willebrand

De ziekte van Von Willebrand is een bloedstoornis. In het bloed zit een stof genaamd Von Willebrand-factor, die helpt bij het stollingsproces wanneer je Labradoodle een snee oploopt. Als een hond de ziekte van Von Willebrand heeft, dan is het belangrijkste symptoom langdurige bloeding. Dit kan zich uiten als bloedend tandvlees, overmatige bloeding tijdens de loopsheid, neusbloedingen en aanhoudende bloedingen tijdens chirurgische ingrepen.

Von Willebrand is een ziekte van jonge honden en zal bij de meeste honden voor de leeftijd van vijf jaar duidelijk worden. Het wordt gediagnosticeerd met een bloedtest. Echter, de stollingstijden worden meestal eerst beoordeeld met een wangslijmvliesbloedingstijdtest, waarbij een kleine prik aan de binnenkant van de lip wordt gezet, gevolgd door het meten van de tijd die nodig is om de bloeding te stoppen. Helaas is er geen genezing, maar de Von Willebrand-factor kan wel worden toegediend via een transfusie. Als er een chirurgische ingreep nodig is, kan een preventieve transfusie het bloedverlies aanzienlijk beperken. De meeste honden met de ziekte van Von Willebrand kunnen een normaal leven leiden, maar er moet extra zorg worden besteed aan het drukken op snijwonden, evenals het niet te kort knippen van nagels om bloedingen te voorkomen.

Maagtorsie

Maagtorsie is een gevaarlijke aandoening waarbij de maag zich vult met gas en kan voorkomen bij alle diepborstige honden. De Labradoodle krijgt deze aandoening van zijn Poedel-genetica. Maagtorsie staat ook bekend als een maagdilatatie. Het wordt vaak gevolgd door een draaiing van de maag, bekend als een maagdilatatie-volvulus, of MDV. Een MDV is een chirurgisch spoedgeval, aangezien niet alleen gas en voedsel de maag niet kunnen verlaten, maar ook de bloedtoevoer naar de maag wordt afgesneden, waardoor de maagwand kan afsterven. Het is ook extreem oncomfortabel en kan leiden tot hartritmestoornissen en schade aan de milt.

Een dierenarts kan meestal gemakkelijk maagtorsie of een MDV diagnosticeren met een röntgenfoto, hoewel hij ook een sterk vermoeden kan hebben op basis van de vorm van het bovenste deel van de buik van je Labradoodle. Als het niet kan worden gecorrigeerd door een maagsonde in te brengen om het gas te verlichten, is er geen andere optie dan onmiddellijk te opereren.

Er zijn verschillende opvattingen over hoe maagtorsie te voorkomen, hoewel veel ervan niet worden ondersteund door wetenschappelijk onderzoek. De meest voorkomende gedachte is om je hond meerdere maaltijden per dag te geven. Er wordt vermoed dat één grote maaltijd per dag het risico op maagtorsie en MDV verhoogt. Ook is het raadzaam om je hond niet onmiddellijk na het eten te laten bewegen, om ervoor te zorgen dat hij niet rondrent met een volle maag. Sommige mensen geloven ook dat als je hond te snel eet of drinkt, hij eerder maagtorsie zal krijgen. Je kunt het eten vertragen door middel van een 'anti-schrok' voerbak. Dit zijn bakken met uitsteeksels waar je het voer tussen kunt strooien, waardoor het moeilijker wordt voor je hond om erbij te komen. Ten slotte zullen dierenartsen bij sommige honden met bijzonder diepe borsten een preventieve operatie uitvoeren om de maag aan de buikwand te bevestigen, bekend als een gastropexie. Dit wordt meestal niet als een op zichzelf staande operatie uitgevoerd, maar eerder in combinatie met een andere operatie, zoals sterilisatie. Dit is een eenvoudige operatie en voorkomt dat de maag draait als deze opzwelt.

Ziekte van Addison

De ziekte van Addison, ook bekend als hypoadrenocorticisme, is een ziekte waarbij de bijnieren onvoldoende cortisol en aldosteron produceren. Deze hormonen zijn essentieel voor het dagelijks functioneren. Cortisol helpt het lichaam om stressvolle situaties aan te kunnen, en aldosteron speelt een vitale rol in de water- en elektrolytenbalans.

Addison kan niet-specifieke symptomen veroorzaken zoals lethargie, algemene zwakte, braken, diarree, verhoogde dorst, trillen en een trage hartslag. Als gevolg hiervan kan het moeilijk zijn om te diagnosticeren, aangezien veel aandoeningen deze symptomen veroorzaken. Als het niet wordt behandeld, kan het ertoe leiden dat je hond in elkaar zakt, wat een noodgeval is.

Addison wordt meestal gediagnosticeerd door middel van een lichamelijk onderzoek en bloedtesten zoals een ACTH-stimulatietest. Deze test de reactie van de bijnier op ACTH. Bij de meeste gevallen van Addison zal de bijnier niet reageren op de ACTH, en het cortisolniveau zal laag blijven, omdat de bijnier is vernietigd. In zeldzame gevallen kan de ziekte van Addison echter worden veroorzaakt door een tumor in de hypofyse, die ACTH produceert om de bijnieren te laten werken. In dit geval zullen de bijnieren wel reageren op de bloedtest.

De ziekte van Addison kan niet worden genezen; het kan echter zeer goed worden beheerd door vervangende cortisol en aldosteron te geven in de vorm van dagelijkse medicatie.

Ziekte van Cushing

De ziekte van Cushing is het exacte tegenovergestelde van de ziekte van Addison en staat bekend als hyperadrenocorticisme. Dit treedt op wanneer de bijnieren overactief zijn. Er zijn twee hoofddoorzaken van de ziekte van Cushing, en beide hebben te maken met het ontwikkelen van tumoren bij je Labradoodle. De meest voorkomende tumor (85 procent van alle gevallen) heeft betrekking op de hypofyse in de hersenen. Dit zorgt ervoor dat de hypofyse te veel ACTH produceert, wat de bijnieren opdraagt om meer cortisol te produceren. Deze tumoren zijn meestal klein en goedaardig en

*Foto met dank aan
Jennifer Lehman*

groeien niet genoeg om neurologische symptomen te veroorzaken. Het andere type tumor is een tumor van de bijnier zelf. Deze kunnen goedaardig of kwaadaardig zijn en kunnen chirurgisch worden verwijderd om de ziekte te genezen.

Een hond met de ziekte van Cushing zal niet-specifieke klinische symptomen hebben, en net als bij Addison kan het moeilijk zijn om te diagnosticeren. Veel voorkomende symptomen zijn verhoogde honger, drinken en urineren, lethargie, slechte huidgezondheid en een slechte vacht. In sommige gevallen kan de hond een potbuikig uiterlijk ontwikkelen omdat vet zich begint af te zetten in de interne organen, vooral de lever, wat de buikwand oprekt.

De ziekte van Cushing wordt gediagnosticeerd door middel van een reeks bloedtesten, evenals een klinisch onderzoek. Een ACTH-stimulatietest en een lage dosis dexamethason-suppressietest (LDDS) zijn de twee meest gebruikte. Een urinetest om de cortisol/creatinine ratio te meten kan ook nodig zijn.

Zoals eerder genoemd, kan een operatie genezend zijn als de aandoening wordt veroorzaakt door een bijniertumor. In de meeste gevallen is echter levenslange medicatie nodig. Veel honden reageren goed op deze behandeling en kunnen een vrijwel normaal leven leiden.

Epilepsie

Epilepsie veroorzaakt aanvallen, maar niet alle aanvallen worden veroorzaakt door epilepsie. Het is iets waar veel mensen verward over raken. Epilepsie is een erfelijke aandoening die aanvallen veroorzaakt, ook al is er structureel niets mis met de hersenen. Een aanval gebeurt wanneer de neuronen in de hersenen hyperactief worden en allemaal tegelijkertijd impulsen sturen.

Een epileptische aanval begint met je Labradoodle die zich een beetje vreemd gedraagt. Hij kan je opzoeken of zich afhankelijker gedragen dan normaal. Dit wordt de pre-ictale fase genoemd en kan slechts enkele minuten voor de aanval beginnen, of zelfs tot een uur van tevoren. Wanneer je hond een aanval heeft, is elk dier anders, maar veel voorkomende symptomen zijn een vorm van schudden, variërend van lichte trillingen tot stuiptrekkingen, kwijlen, urineren en/of ontlasting, en stijve ledematen. Het is belangrijk om je hond op dit moment niet aan te raken, omdat je per ongeluk gebeten zou kunnen worden. Zorg er in plaats daarvan voor dat hij op een veilige plek is en verwijder alles om hem heen wat schade zou kunnen veroorzaken. Het is een goed idee om de tijd te controleren, want als een aanval langer dan vijf minuten duurt, kan het erg gevaarlijk zijn voor het zuurstofgehalte in zijn hersenen. De meeste aanvallen duren niet veel langer dan een minuut, maar als het langdurig wordt, moet je met spoed naar je dierenarts gaan. Na de aanval is er een post-ictale fase, waarin je hond weer vreemd gedrag kan vertonen. Dit duurt meestal van een paar uur tot een dag of twee.

Er zijn medicijnen beschikbaar die je dierenarts kan voorschrijven om de frequentie van aanvallen te helpen verminderen. Regelmatige bloedtesten zijn nodig om de onderliggende gezondheid van je hond te controleren, aangezien de medicijnen de lever kunnen beschadigen. De meeste worden echter goed verdragen. In sommige gevallen kan je dierenarts ook rectaal diazepam verstrekken om je te helpen de aanval vroeg te stoppen wanneer het gebeurt.

Erfelijke Staar

Staar is wanneer de lens in het oog ondoorzichtig begint te worden en voorkomt dat licht de achterkant van het oog kan raken om door de hersenen te worden verwerkt. Terwijl de meeste honden vatbaar zijn voor het ontwikkelen van staar op oudere leeftijd, kan erfelijke staar al in de eerste paar maanden van het leven beginnen te ontwikkelen en leiden tot volledig zichtverlies tegen de leeftijd van twee tot drie jaar.

Gelukkig zijn erfelijke staar recessieve genen, en daarom moeten beide ouders het gen hebben om nakomelingen te krijgen die staar ontwikkelen. Dragers van het gen, die één gezond gen en één staargen hebben, zullen geen staar ontwikkelen, maar ze mogen desondanks niet voor de fok worden gebruikt. Een genetische test kan worden gedaan vóór het fokken om vast te stellen of een van de ouders het gen draagt.

Staar is niet pijnlijk, en daarom kiezen veel eigenaren ervoor om het gewoon te laten zoals het is en met een blinde hond te leven. Veel honden doen het uitzonderlijk goed als ze blind zijn, zolang je geen meubels in huis verplaatst en ervoor zorgt dat je ze aan de lijn houdt tijdens wandelingen.

Voor eigenaren die de staar van hun Labradoodle willen behandelen, zijn volledige lensvervangende operaties een chirurgische optie. Het is een gecompliceerde en lastige operatie, en wordt daarom alleen uitgevoerd door veterinaire oogspecialisten.

Atopische Dermatitis

Huidallergieën kunnen het gevolg zijn van voedsel, de omgeving of beten. Wanneer je hond een opflakkering heeft, zal hij extreem jeuk hebben en kan hij verschillende delen van zijn lichaam krabben en likken, zoals zijn poten, oksels, buik en de binnenkant van zijn achterpoten. Hij kan ook een opflakkering van zijn oorkanalen hebben en overmatig met zijn hoofd schudden om zijn jeukende oren te verlichten.

Als je je hond regelmatig behandelt om externe parasieten te voorkomen, dan is de allergie waarschijnlijk niet te wijten aan deze. Ze moeten echter worden uitgesloten met een veterinair onderzoek. Bij een vlooienallergie is maar één beet voldoende om je hond jeuk te bezorgen. Voedselallergieën moeten worden uitgesloten met een eliminatiedieet. Deze zijn verkrijgbaar bij je dierenarts. Deze diëten hebben alle eiwitdeeltjes gehydrolyseerd, wat betekent dat het lichaam ze niet kan herkennen en erop reageren. Dit dieet moet zes weken worden gegeven, zonder traktaties of etensresten. Als je hond aanzienlijk is verbeterd, dan moeten verschillende smaken vlees geleidelijk weer worden geïntroduceerd om te zien wat de allergie doet opflakkeren.

Als zowel parasieten als voedselallergieën zijn uitgesloten, is de resterende oorzaak de omgeving. Dit kan te wijten zijn aan contact met een allergeen, zoals vloerreiniger of lang gras, of inhalatie, zoals pollen. Deze allergieën zijn moeilijk onder controle te krijgen omdat ze niet kunnen worden vermeden. Er zijn verschillende behandelingsmogelijkheden, die zich richten op drie dingen: opflakkeringen behandelen, toekomstige opflakkeringen voorkomen en de gezondheid van de vacht van je hond behouden. Allergieën kunnen niet worden genezen.

Er zijn verschillende tabletten verkrijgbaar bij je dierenarts om de jeuk te verlichten. Steroïden zijn veruit de goedkoopste, maar hebben grote bijwerkingen en belasten ook de lever zwaar. Andere opties reguleren de immuunrespons op de allergenen naar beneden, maar ze zijn duurder.

Een andere optie is dat je dierenarts een vaccinatie tegen het allergeen formuleert. Dit wordt toegediend in toenemende intervallen, bijvoorbeeld twee dagen uit elkaar, dan vier, dan een week, enzovoort. Deze zijn effectief voor veel honden; de respons is echter niet direct.

Ten slotte moeten diëten die omega-3 en omega-6 bevatten elke therapie aanvullen. In de juiste verhouding hebben ze uitgesproken ontstekingsremmende effecten. Ze helpen ook bij het opbouwen van de lipidelaag van de huid om een betere barrière tegen externe allergenen te bieden.

Oorontstekingen

"Labradoodles met kleine oorkanalen kunnen vatbaar zijn voor oor-ontstekingen."

Jenny Walters
Blessings Labradoodles

Labradoodles kunnen vatbaar zijn voor oorkanaalinfecties, bekend als otitis externa. Als deze niet worden behandeld, kan dit zich uitbreiden naar het middenoor en meer complicaties veroorzaken. Dit komt omdat de oorschelp (flap) naar beneden vouwt, waardoor een warme en vochtige omgeving in het oor ontstaat, wat perfect is voor gist en bacteriën om in te groeien. In Hoofdstuk 12 hebben we het belang van oorschoonmaken besproken, vooral na het zwemmen, en dit zal zeker helpen de kans op een infectie te verminderen.

Als je Labradoodle een oorontsteking krijgt, zal hij waarschijnlijk tekenen vertonen zoals het schudden van zijn hoofd en het krabben aan zijn oren. Als het zich ontwikkelt tot een ernstigere infectie van het middenoor, kun je een scheve kop of evenwichtsverlies opmerken. Oorontstekingen zijn extreem pijnlijk en kunnen ernstig zijn, daarom is het belangrijk dat je je Labradoodle snel naar een dierenarts brengt. Hij zal waarschijnlijk gemedicineerde oordruppels nodig hebben. Als het is gevorderd tot een middenoorontsteking, kan hij in plaats daarvan worden opgenomen voor een oorspoeling of orale behandeling krijgen.

De verschillende aandoeningen waarvoor je Labradoodle vatbaar is, kunnen overweldigend lijken. Als je echter een goed gefokte Labradoodle koopt bij een betrouwbare fokker, verminder je de kans aanzienlijk dat hij in slechte gezondheid verkeert.

HOOFDSTUK 15
Ouderdom

Als je het geluk hebt gehad om een lang leven met je Labradoodle te delen, of als je een oudere hond hebt geadopteerd, heb je het voorrecht en de verantwoordelijkheid om hem door zijn seniorenjaren te begeleiden. Met de ouderdom komen verhoogde risico's op bepaalde aandoeningen en de noodzaak om sommige aspecten van de levensstijl van je hond aan te passen. Door deze aanpassingen te maken, heb je de beste kans om ervoor te zorgen dat je Labradoodle zijn gouden jaren zo gezond mogelijk doorbrengt. In dit hoofdstuk kijken we naar zaken die belangrijk zijn in de seniorenjaren van je Labradoodle en wat je kunt verwachten.

Gezondheidscontroles voor Senioren

Toen je Labradoodle jonger was, was je waarschijnlijk gewend om hem eens per jaar naar de dierenarts te brengen voor een jaarlijkse controle en vaccinatie. Wanneer je hond de leeftijd van acht jaar bereikt, veranderen deze jaarlijkse onderzoeken enigszins en worden het seniorengezondheidscontroles. Deze kunnen één keer per jaar plaatsvinden, of elke zes maanden, afhankelijk van of je Labradoodle met bepaalde problemen kampt.

Een seniorengezondheidscontrole begint met een algemeen onderzoek. Je dierenarts zal eerst het gebit controleren. Dit kan in de loop van de tijd bedekt raken met tandsteen en kan leiden tot tandvleesontsteking, zoals besproken in Hoofdstuk 12. Vervolgens controleert je dierenarts de ogen op degeneratieve processen, zoals staar, nucleaire sclerose en netvliesdegeneratie. De volgende fase van het onderzoek is belangrijk; je dierenarts controleert de interne organen. Hij luistert naar het hart en de longen en voelt aan de buik om te controleren op vergroting van organen of interne massa's, die kunnen wijzen op tekenen van kanker; iets wat vaker voorkomt bij oudere honden dan bij jongere. Hierna zal je dierenarts waarschijnlijk nog wat diepgaandere controles uitvoeren. Het meten van de bloeddruk van je hond controleert of zijn nieren en hart effectief werken, en een algemene bloedtest controleert de gezondheid van zijn interne organen.

Hoewel een seniorengezondheidscontrole wat prijzig kan lijken, kunnen uitgebreide controles op deze leeftijd je op de lange termijn geld besparen. Het vroegtijdig opsporen van onderliggende gezondheidsproblemen

*Foto met dank aan
Jo Loman*

is echt belangrijk om ervoor te zorgen dat je Labradoodle een gezond en lang leven heeft.

Voeding voor Senioren

"Een eiwitrijk dieet is essentieel voor hun optimale functioneren."

Robby Gilliam
Mountain View Labradoodles

Een seniorhond heeft seniorhondenvoer nodig. Dit is belangrijk voor je Labradoodle, omdat hij op oudere leeftijd een verandering in zijn voeding nodig heeft. Elk gerenommeerd hondenvoeringmerk heeft voeding die is afgestemd op de levensfase.

Een oudere hond is waarschijnlijk trager dan een jongere hond. Dit geldt vooral voor Labradoodles, die al op jonge leeftijd vatbaar zijn voor gewrichtsproblemen, zoals besproken in Hoofdstuk 14. Verminderde mobiliteit leidt tot gewichtstoename, vooral als je Labradoodle nog steeds een behoorlijke Labrador-achtige eetlust heeft! Het op peil houden van het gewicht van je hond zal hem op de lange termijn ten goede komen, aangezien overgewicht druk kan uitoefenen op het hart, de lever en de gewrichten. Seniorenvoer bevat iets minder calorieën om je hond te helpen een geschikter gewicht voor zijn levensfase te behouden.

Hondenvoer voor senioren bevat meestal ook meer omega-oliën. Deze worden meestal geleverd via natuurlijke ingrediënten zoals vis of oliehoudende zaden, zoals lijnzaad. Omega-oliën zijn belangrijk voor je oudere Labradoodle en hebben veel voordelen. Ten eerste werken ze vergelijkbaar met ontstekingsremmers. Als iets ontstoken is, bijvoorbeeld een artritisch gewricht, zal het lichaam prostaglandinen vrijgeven, specifiek PGE2. Omega-oliën verstoren deze chemische route en zorgen ervoor dat het lichaam in plaats daarvan PGE3 vrijgeeft, dat minder ontstekingsbevorderend is dan PGE2. Dit helpt dus de ontsteking in pijnlijke gewrichten of elk ontstekingsproces te verminderen. Omega-oliën houden ook de gewrichten, huid, hart, hersenen en ogen gezond; veel hiervan zijn vatbaar voor degeneratie in de seniorenjaren van je hond.

Foto met dank aan
Debbie Allsopp

Orgaanverslechtering

Hoewel ze misschien geen specifieke ziekte of aandoening hebben, werken sommige organen gewoon niet zo efficiënt op latere leeftijd. Daarom zullen, zoals eerder vermeld, seniorenwelzijnscontroles de gezondheid van de belangrijkste organen monitoren en, indien routinematig uitgevoerd, problemen in een vroeg stadium opsporen. Als ze vroeg worden ontdekt, kunnen deze meestal worden behandeld met een verandering in dieet, supplementen, medicatie of enkele aanpassingen in de levensstijl.

Soms kunnen bij oudere honden de kleppen in het hart gaan lekken. Dit kan leiden tot terugstroming en stuwing. Symptomen zijn onder andere lusteloosheid, flauwvallen, hoesten en snel buiten adem raken. Het vroeg starten met hartmedicatie zal de druk op het hart verminderen en de levensduur van je hond aanzienlijk verlengen.

Naast het hart liggen de longen. Normaal gesproken is het longweefsel vrij elastisch, waardoor het kan uitzetten en samentrekken als er in- en uitgeademd wordt. De longen van een oudere hond worden met de leeftijd vezelig en zetten niet meer zo goed uit. Dit kan ook leiden tot een verminderd vermogen om infecties te bestrijden.

In de buik bevinden zich verschillende organen, zoals de maag, darmen, nieren, lever en milt. Hiervan zijn de lever en nieren het meest vatbaar voor leeftijdsgerelateerde achteruitgang. Beide organen zijn betrokken bij het filteren van afvalstoffen. Daarom doe je je hond een grote dienst als je hem zijn hele leven lang kwalitatief goed voer hebt gegeven, omdat het lichaam dan optimaal gebruik heeft gemaakt van de voedingsstoffen en minder afvalstoffen heeft gefilterd. De lever is ook betrokken bij het metabolisme van medicijnen, waarbij deze worden afgebroken tot bruikbare vormen. Dit is belangrijk om rekening mee te houden bij het geven van medicijnen aan oudere honden, aangezien ze mogelijk niet met bepaalde medicijnen kunnen omgaan. Zowel lever- als nierverslechtering of -falen vertonen meestal pas symptomen in een vergevorderd stadium. Daarom is het belangrijk om deze aandoeningen vroegtijdig op te sporen met routinematige senioren-bloedtesten. Dit geeft je hond de best mogelijke prognose. Symptomen die je kunt opmerken zijn gewichtsverlies, braken, verlies van eetlust en een algemeen sloom gedrag.

Foto met dank aan
Eileen Hawkins

Verlies van Zintuigen

Verlies van de zintuigen zal je hond medisch gezien niet beïnvloeden of zijn levensduur verkorten, maar het kan zijn levenskwaliteit tot op zekere hoogte beïnvloeden.

De meest voorkomende zintuigen die achteruitgaan zijn het gehoor en het zicht. Gelukkig is het zeer zeldzaam dat een hond zijn reukvermogen verliest, wat goed is omdat je Labradoodle waarschijnlijk graag rondrent met zijn neus op de grond, waarbij hij allerlei geuren oppikt.

Verrassend genoeg doen honden het zonder zicht bijzonder goed. Als blindheid plotseling optreedt, kan het even duren voordat je hond zich aanpast, maar als het geleidelijk gebeurt, realiseren veel eigenaren zich niet eens dat hun honden hun gezichtsvermogen geheel of gedeeltelijk hebben verloren. De meest voorkomende redenen waarom honden hun zicht ver-

Foto met dank aan Nigel Holmes

liezen zijn staar en netvliesdegeneratie. De meeste oudere honden ontwikkelen nucleaire sclerose in hun lenzen, wat op staar kan lijken. Maar de troebeling die het veroorzaakt is niet ondoorzichtig, en je hond zal nog steeds enig zicht hebben. Als je Labradoodle zijn zicht begint te verliezen, is het een goed idee om hem vroeg te leren ermee om te gaan. Labradoodles zijn erg slim en kunnen zelfs op oudere leeftijd nieuwe commando's leren. Het aanleren van commando's zoals 'langzaam', 'wacht', 'draai' en 'stop' voorkomt dat hij in de problemen komt. Hij zal ook gemakkelijk zijn weg door het huis kunnen vinden, zolang je de meubels op dezelfde plaats houdt, aangezien zijn geheugen voor het navigeren in bepaalde ruimtes nog steeds uitstekend zal zijn. Voor honden die hun gezichtsvermogen volledig hebben verloren, is er een product bekend als een 'Halo' of 'Bumper Collar'. Dit is een flexibele hoepel die aan een tuigje wordt bevestigd en om het hoofd van de hond heen loopt. Het maakt contact met obstakels voordat je hond er tegenaan botst en kan het zelfvertrouwen van een blinde hond aanzienlijk verbeteren.

Gehoorverlies is echter een zintuig dat iets moeilijker te managen is. Wanneer je je hond als pup commando's aanleert, combineer dan altijd een stemcommando met een signaal. Op die manier kan hij je nog steeds begrijpen als hij een deel van of al zijn gehoor verliest. Gehoorverlies is meestal geleidelijk, en het is waarschijnlijk dat je niet zult merken dat je hond zijn gehoor verliest totdat het al vrij ver gevorderd is. Je denkt misschien zelfs dat het de koppigheid van de Poedel is die naar boven komt en dat hij je negeert! Helaas kan het gehoor van je Labradoodle niet worden hersteld, maar hij kan nog steeds een gelukkig leven leiden zonder te horen. Wel moet hij aan de lijn worden gehouden in de buurt van gevaren zoals verkeer, klifranden of vee, omdat zijn terugkomgedrag hierdoor beïnvloed wordt.

Artritis

Het is heel gebruikelijk dat oudere honden artritis ontwikkelen. Ongeveer 20 procent van alle honden ouder dan acht jaar lijdt aan deze aandoening. Dit is een gemiddelde over alle hondenrassen, en helaas zijn Labradoodles en Labradors aanzienlijk oververtegenwoordigd in die 20 procent. Daarom is het belangrijk om je hond al met gewrichtssupplementen te laten beginnen voordat artritis zich manifesteert.

Het bewegende gewricht bestaat uit zes componenten: het gewrichtskapsel, het kraakbeen, het subchondrale bot (onder het kraakbeen), de ligamenten en pezen, de zenuwen en bloedvaten, en het synoviale vocht dat het gewricht vult. Alle zes componenten zijn betrokken bij artritis.

Foto met dank aan
Beverley Roberts

Het gewrichtskapsel bestaat uit twee lagen. De buitenste laag is dicht en vezelig, en het doel ervan is om de binnenste laag te beschermen. Het binnenste laagmembraan produceert een stof die hyaluronzuur heet en waaruit het synoviale vocht bestaat. Het is rijk voorzien van bloedvaten en heeft veel zenuwuiteinden. Dit betekent dat het pijn zeer goed detecteert.

Het kraakbeen bestaat uit cellen die chondrocyten worden genoemd, moleculen die glycosaminoglycanen worden genoemd, en collageenvezels. Het heeft niet veel bloedvaten of zenuwen, en daarom komen de voedingsstoffen uit het synoviale vocht en het subchondrale bot. De functie ervan is als schokdemper voor het gewricht, vanwege de grote hoeveelheid water die het bevat. Het zorgt ook voor een glad oppervlak zodat het gewricht kan glijden. Helaas kan kraakbeen zich niet regenereren als het eenmaal beschadigd is.

Het synoviale vocht is een transparant of lichtgeel eiwitrijk vocht, bestaande uit hyaluronzuur. De functies van het synoviale vocht zijn het mogelijk maken van constante belasting, efficiënte warmtegeleiding en smering.

Wanneer een gewricht artritis heeft, verslechtert het kraakbeen geleidelijk en wordt het subchondrale bot dikker, waardoor het schokabsorberende vermogen van het gewricht afneemt. Ook wordt het binnenste membraan dikker en raken de omliggende gebieden gedevitaliseerd door de vermindering van de bloedtoevoer. Het dikke binnenste membraan groeit in de gewrichtsruimte en begint vast te plakken aan het kraakbeen. Als gevolg hiervan kan het synoviale vocht niet meer normaal in de poriën van het kraakbeen stromen, wat leidt tot verminderde voeding en degeneratie.

Kortom, het gewricht wordt erg pijnlijk en verliest een groot deel van zijn functie. Wanneer mensen aan artritis denken, denken ze aan kreupelheid. En dat is zeker het belangrijkste symptoom dat wordt gezien. Maar tegen de tijd dat je Labradoodle kreupel loopt, kan hij al matige of ernstige artritis hebben, dus het is van vitaal belang om te letten op vroege tekenen van pijn.

Er zijn enkele veelzeggende tekenen waar je op moet letten, die zelfs stoïcijnse honden zullen vertonen als ze pijn hebben. Het eerste teken is een verandering in de ademhaling. Honden met pijn ademen over het algemeen sneller. Dit kan oppervlakkig zijn, of het kan hijgen zijn. Het is gemakkelijk om dit te verwarren met het gevoel dat je hond het warm heeft of uitgeput is, maar er mag niet worden vergeten dat pijn vaak dit symptoom veroorzaakt. Er kunnen ook gedragsveranderingen zijn. Dit kunnen veranderingen zijn zoals toegenomen agressie, het vermijden van affectie, reageren wanneer hij wordt opgetild, of in het algemeen stiller zijn dan gebruikelijk. Als de pijn erger wordt, kan je Labradoodle moeite hebben om tot rust te komen. In een comfortabele positie liggen kan een strijd zijn voor een hond met pijn. Je zult hem waarschijnlijk rondjes zien draaien voordat hij gaat liggen, en als hij eenmaal ligt, duurt het niet lang voordat hij weer opstaat. Een ander veel voorkomend teken is het likken van het pijnlijke gebied, mogelijk obsessief. Honden vinden troost in het likken van pijnlijke gebieden. Je ziet hem misschien niet actief likken, maar oranje of bruine speekselvlekken over de gewrichten zijn een aanwijzing dat hij het stiekem doet. Ten slotte kan je hond moeite hebben met het ontlasten. Als hij last heeft van rug- of heuppijn, kan hurken om ontlasting te passeren erg oncomfortabel zijn. Hij kan het poepen vermijden vanwege de pijn, en als gevolg daarvan verstopt raken, of hij kan in een ongemakkelijke positie gaan staan om zijn behoefte te doen.

Je dierenarts kan artritis gemakkelijk diagnosticeren door de gewrichten te controleren op een gevoel dat crepitatie wordt genoemd. Dit is een krakend geluid dat kan worden gevoeld bij het manipuleren van de gewrichten. Hij kan röntgenfoto's maken om de omvang van de artritis te bevestigen, maar vaak is dit niet nodig voor een diagnose.

Artritis wordt het beste behandeld met een multimodale aanpak. Dit betekent dat je door meerdere verschillende strategieën gelijktijdig te gebruiken, het beste resultaat zult krijgen.

De meeste eigenaren verwachten dat hun dierenarts ontstekingsremmers voorschrijft als de belangrijkste behandeling, en dit is zeker belangrijk om het comfort van je hond te verbeteren. Veel ontstekingsremmers kunnen echter ernstige bijwerkingen hebben op de darmen, lever en nieren, dus routinematige bloedtests om te controleren of de organen medicijnen kunnen verwerken, zijn van vitaal belang om jaarlijks te doen.

Het volgende wat je aan de behandeling van je hond kunt toevoegen, is een goed kwaliteitssupplement. Er zijn er genoeg op de markt, en het kan moeilijk zijn om te bepalen welke van goede kwaliteit zijn en welke niet. Over het algemeen krijg je waar je voor betaalt, dus als je iets goedkoops koopt, is het waarschijnlijk niet van goede kwaliteit. Je moet letten op ingrediënten zoals glucosamine hydrochloride (niet sulfaat), chondroïtinesulfaat, MSM, hyaluronzuur en omega-oliën (DHA en EPA, of omega-3 en omega-6). Sommige kunnen ook groenlipmossel bevatten. Deze ingrediënten helpen bij het onderhouden van het gewrichtsvocht, voor verbeterde smering, en helpen bij het opbouwen van het kraakbeen waar het beschadigd is. Ze zullen artritis nooit genezen, maar ze helpen om de progressie van de ziekte te vertragen.

Ten slotte zal het behandelen van artritis met complementaire therapieën helpen om het comfort en de fitheid van je Labradoodle te verbeteren. Complementaire therapieën moeten precies dat zijn: complementair. Ze zijn niet bedoeld om in plaats van medicijnen te gebruiken, maar ze helpen in combinatie met conventionele behandeling. Voorbeelden van therapieën zijn fysiotherapie, chiropractie, hydrotherapie en acupunctuur. Deze verbeteren het comfort, maar belangrijker nog de fitheid, aangezien dit iets is dat de neiging heeft te verslechteren wanneer een hond niet actief is vanwege pijnlijke gewrichten.

Afscheid Nemen

De laatste dagen van het leven van je hond kunnen een zeer emotionele tijd zijn. Soms is het duidelijk, en andere keren is het misschien niet zo duidelijk wanneer je de beslissing moet nemen. Maar ongeacht de situatie kan je dierenarts je adviseren over de gezondheid van je hond en of zijn levenskwaliteit is aangetast. Als het gaat om de kwaliteit van leven, zijn er drie vragen die je jezelf moet stellen: eet je Labradoodle nog goed? Kwispelt hij nog met zijn staart en lijkt hij af en toe gelukkig? En zoekt hij nog contact met jou? Als je bij deze vragen steeds nee moet antwoorden en er niets meer gedaan kan worden om zijn welzijn te verbeteren, is het misschien tijd om te overwegen hem te laten inslapen. De injectie zal worden gegeven door je dierenarts, en hoewel het een verdrietige tijd is, is het meestal een zeer vreedzame procedure. Je dierenarts kan beginnen met het sederen van je Labradoodle en vervolgens een katheter in de ader in zijn poot plaatsen. Nadat je afscheid hebt genomen, wordt een overdosis verdovingsmiddel gegeven. Dit is niet pijnlijk en zorgt ervoor dat de hersenen in een diepe slaap vallen voordat het hart stopt. Het duurt slechts een kwestie van seconden. Je dierenarts zal het hart controleren om te bevestigen dat je hond is overleden. De injectie kan thuis, in de dierenartsenpraktijk of in je auto worden gegeven. Het belangrijkste is dat het ergens gebeurt waar je hond zich rustig zal voelen.

Afscheid nemen is altijd moeilijk, maar uiteindelijk is het een daad van liefde dat je het lijden van je hond vreedzaam kunt beëindigen. Hoewel je je ongetwijfeld verdrietig zult voelen over het verlies van je metgezel, moet je troost proberen te vinden in het herinneren van alle prachtige momenten die je met je Labradoodle hebt gehad, en hoeveel vreugde hij je door de jaren heen heeft gebracht.

www.ingramcontent.com/pod-product-compliance
Lightning Source LLC
Chambersburg PA
CBHW051525120626
46551CB00012B/1087